Methoden schnell zur Hand

66 schüler- und handlungsorientierte
Unterrichtsmethoden

Prof. Bettina Hugenschmidt / Anne Technau

Klett I Kallmeyer

Unter **www.friedrich-verlag.de** finden Sie Materialien zum Buch als Download.
Bitte geben Sie den achtstelligen Download-Code in das Suchfeld ein:

d11034mh

Bibliografische Information der Deutschen Nationalbibliothek
Die Deutsche Nationalbibliothek verzeichnet diese Publikation in der Deutschen Nationalbibliografie;
detaillierte bibliografische Daten sind im Internet über http://dnb.d-nb.de abrufbar.

Impressum

Bettina Hugenschmidt, Anne Technau
Methoden schnell zur Hand
66 schüler- und handlungsorientierte Unterrichtsmethoden

6. Auflage

© 2025. Kallmeyer in Verbindung mit Klett
Friedrich Verlag GmbH
Luisenstraße 9
D-30159 Hannover
Alle Rechte vorbehalten.
www.friedrich-verlag.de

Redaktion: Katrina Moschner, Leipzig/Gabriele Pleßke
Umschlaggestaltung / Illustrationen: Frank Jabin Grafikdesign, Leipzig
Umschlagfoto: © SDI Productions via Getty Images
Druck: Beltz Grafische Betriebe GmbH, Am Fliegerhorst 8, 99947 Bad Langensalza
Printed in Germany

Für Fragen oder Hinweise zur Produktsicherheit unserer Publikationen wenden Sie sich bitte an folgende E-Mail-Adresse:
produktsicherheit@friedrich-verlag.de. Unsere Produkte erfüllen die Anforderungen der EU-Produktsicherheitsverordnung (GPSR).

ISBN (print): 978-3-7800-1034-6
ISBN (E-Book): 978-3-7727-9012-6

Inhalt

Vorwort

Sag mir etwas, und ich werde es vergessen!
Zeig mir etwas, und ich werde es vielleicht behalten!
Lass es mich tun, und ich werde es bestimmt behalten!

(Zen-Weisheit)

Jeden Tag werden Millionen von Kindern, Jugendlichen und Erwachsenen in Schulen, Universitäten, Studienseminaren sowie Fort- und Weiterbildungsstätten unterrichtet. Dabei stellen die Dynamik der technischen Entwicklungen, die explosionsartige Weiterentwicklung der Informationstechnologien und der Entwicklungen im Bereich Multimedia sowie die zunehmende Globalisierung der Wirtschaft neue Herausforderungen an das Bildungssystem und die vielfältigen Fort- und Weiterbildungssysteme. Neben den rasanten Entwicklungen und damit verbundenen Herausforderungen im Bereich der fachlichen Kompetenzen rücken Fragen nach der Art und Weise der Vermittlung dieser fachlichen Kompetenzen und Überlegungen, wie die Lernenden auf diese wechselnden Anforderungen im Berufsleben vorbereitet werden können, immer mehr in den Vordergrund.

Wenn Unterricht dabei auch in Zukunft für alle Beteiligten erfolgreich sein, weiterhin Freude bereiten und Entwicklungsmöglichkeiten für beide Seiten darstellen soll, dann muss sich die Unterrichtsgestaltung diesen Veränderungen anpassen.

Unterricht methodisch zu verändern, weiterzuentwickeln und der Zeit anzupassen ist ein Ansatz von Schulentwicklung. Betrachtet man Schule als lernende Organisation im Sinne der Organisationsentwicklung, so ist es nach Lewin unabdingbar, die „Betroffenen zu Beteiligten" zu machen. Die Lernenden stehen also im Mittelpunkt des unterrichtlichen Geschehens.

Dieses Buch stellt eine Sammlung zahlreicher handlungsorientierter Unterrichtsmethoden vor, die es ermöglichen, Unterricht zeitgemäß, handlungsorientiert und schülerzentriert zu gestalten. Wir haben bewusst keine Unterscheidung in Lehr- und Lernformen, Sozialformen, Handlungsformen u. ä. vorgenommen, da die Abgrenzungen individuell geschehen und damit nicht operationalisierbar sind. Bei der Auswahl und Zusammenstellung der Methoden haben wir insbesondere Wert auf Methoden gelegt, die den Teilnehmern teamorientiertes Arbeiten ermöglichen.

Diese Methodensammlung kann in allen Schularten und Schultypen angewandt werden. Sie enthält Methoden zum Einstieg in eine Lerneinheit, zur Aktivierung der Lernenden, zur Erarbeitung neuer Lerninhalte, zur Vertiefung von Lerninhalten, zur Lernzielkontrolle und zum Abschluss einer Lerneinheit.

Wir haben uns für eine Systematisierung in alphabetischer Reihenfolge entschlossen.

Die Methodenblätter, die Sie in diesem Buch finden (in der Regel Mikromethoden), weisen alle dasselbe Schema auf und sind wie folgt aufgebaut:

- **Einsatzmöglichkeiten** im Unterricht
- **Lernziele,** die in der Unterrichtseinheit angestrebt werden
- **Durchführung** der Methode
- **Zeit,** die zur Durchführung der Methode veranschlagt wird
- **Teilnehmer,** für die der Einsatz der Methode geeignet erscheint
- **Erfahrungen / Stolpersteine,** die sich beim Einsatz der Methode gezeigt haben
- **Integration** in eine Lerneinheit

Alle hier vorgestellten Methoden eignen sich auch für den Einsatz in Seminaren und Workshops. Der Einfachheit halber verwenden wir den übergreifenden Begriff „Unterricht".

Alle Methoden wurden von uns in zahlreichen Unterrichtssequenzen, in unterschiedlichen Schularten und Schultypen, Fortbildungsveranstaltungen, Seminaren und Trainings erprobt.

Aus Gründen des angenehmeren Leseflusses verzichten die Autorinnen auf die Nennung der jeweils weiblichen und männlichen Form, womit keineswegs eine Diskrimierung beabsichtigt ist.

Das Downloadmaterial enthält zahlreiche Arbeitsblätter zu den beschriebenen Methoden sowie Anwendungsbeispiele.

Wir wünschen Ihnen und Ihren Lernenden bei der Arbeit mit den Methoden viel Freude und Erfolg!

Bettina Hugenschmidt
Anne Technau

1. Notwendigkeit des Einsatzes handlungsorientierter Unterrichtsmethoden

1.1 Gesellschaftliche und wirtschaftliche Veränderungen und ihr Einfluss auf Lehrende und Lernende

Die Situation in den Schulen, Universitäten, Studienseminaren und Weiterbildungsstätten hat sich in Deutschland in den letzten Jahren erheblich verändert. Diese Veränderungen sind sowohl in der Primarstufe und den Sekundarstufen I und II im Schulwesen (Grund-, Haupt- und Realschule, Förderschule, allgemeinbildende Gymnasien, berufliche Schulen) als auch in der Fort-und Weiterbildung zu verzeichnen. „Bildung von gestern" ist mit „Bildung von heute" nicht mehr vergleichbar. Die Ursachen für diese Veränderungen sind vielfältig. lm Folgenden soll auf einige dieser Ursachen näher eingegangen werden.

■ **Gesellschaftliche Veränderungen**

Die Familie im Wandel

Die traditionelle Familie wird im deutschen Sprachraum zunehmend durch eine ständig wachsende Anzahl von Singlehaushalten, von Zwei-Personen-Haushalten ohne Kinder, von alleinerziehenden Müttern bzw. seltener alleinerziehenden Vätern und von Familien mit Kindern, in denen beide Elternteile berufstätig sind, abgelöst. Diese strukturellen Veränderungen in den Familien wirken sich zunehmend auf die Lebensgewohnheiten, das Arbeitsverhalten, das Kaufverhalten, das Freizeitverhalten, die Verzehrsgewohnheiten und das soziale Verhalten der Kinder und Jugendlichen aus.

Verändertes Rollenverhalten als Folge

Viele Frauen sind heute berufstätig. Dies geschieht häufig nicht freiwillig, sondern dient der Aufrechterhaltung des Haushaltes bzw. des Lebensstandards. Den Kindern stehen zahlreiche Betreuungsmöglichkeiten, wenngleich sicherlich in unterschiedlicher Qualität, wie Kindergärten oder Tageseinrichtungen, zur Verfügung. Dadurch hat sich die Rolle des Mannes in der Familie ebenfalls stark verändert. Einkaufen, Putzen, Zubereitung von Nahrungsmitteln und Kindererziehung sind für viele Männer eine Selbstverständlichkeit geworden. Eine Angleichung der früher so unterschiedlichen Rollen von Mann und Frau ist zu beobachten und eine Fortentwicklung in dieser Richtung ist abzusehen.

Multikulturelle Gesellschaft

Ein Blick in die Schulen lässt erkennen, dass die Zahl der Schüler mit deutscher Nationalität nicht mehr in allen Fällen die Mehrheit bildet. In den beruflichen Schulen, beispielsweise in Klassen mit typischen Dienstleistungsberufen sind Anteile anderer Nationalitäten von über 50% keine Seltenheit. Menschen anderer Nationalitäten haben in vielen Fällen auch andere Religionen. So sind beispielsweise an großen beruflichen Schulen mehr als 50 verschiedene Nationalitäten mit 15 und mehr unterschiedlichen Religionen keine Seltenheit. Welche Auswirkungen diese unterschiedlichen Kulturkreise haben können, ist leicht vorstellbar. Ausdrucksprobleme durch mangelhafte Deutschkenntnisse sowie Rechtschreibprobleme und dadurch auch Schwierigkeiten in allen anderen Unterrichtsfächern sind an der Tagesordnung.

Mitgliederschwund bei den großen traditionellen Religionen

Die beiden großen Religionen in Deutschland, die römisch-katholische und die evangelische Glaubenslehre, haben in den letzten Jahren kontinuierlich an Stellenwert in unserer Gesellschaft verloren; ein anerkannter gesellschaftlicher Status verlangt heute keine Religionszugehörigkeit mehr. Die Ursachen für diesen abnehmenden Stellenwert sind vielfältig.

Multimediale Gesellschaft

Die Entwicklungen in den Bereichen Informations- und Multimediatechnologien stellen an das Bildungssystem neue Herausforderungen. Forderungen wie „ein Laptop für jeden Lernenden" sind an der Tagesordnung. Neben dem traditionellen Einsatz von Tafel und Overhead ist heute der Einsatz von PCs, digitalen Technologien, Internet, Smartboards etc. in vielen Bereichen eine Selbstverständlichkeit.

Junge Menschen sind den Umgang mit diesen Medien von Kind an gewohnt. Informationen sind auf Knopfdruck zugänglich. Dies geschah seit Anfang der 50er Jahre zunächst mit dem Fernsehen, wurde durch den Einsatz der EDV verstärkt und findet seine Verfestigung heute beim Surfen im Internet. Bei Langeweile wird kurz umgeschaltet, abgeschaltet, bei Bedarf wieder eingeschaltet; etwas auszuhalten ist nicht mehr gefragt, wenn Langeweile aufkommt, geht man eben einfach fort ...

Wandlung traditioneller Werte

Traditionelle Werte wie Pünktlichkeit, Ehrlichkeit, Fleiß und Respekt vor dem Alter haben in den letzten Jahrzehnten zunehmend an Bedeutung verloren. Sie wurden von „neuen Werten" abgelöst, die Günter Pätzold[2] wie folgt zusammenfasst:

2 Pätzold, Günter: Wertewandel – Herausforderung für berufsbildende Schulen; in: Die berufsbildende Schule, 45. Jahrgang, Nr. 2, Februar 1993.

- Abwendung von der Arbeit als Pflicht;
- Unterstreichung des Wertes der Freizeit;
- Ablehnung von Bildung, Unterordnung und Verpflichtung;
- Erhöhung der Ansprüche in Bezug auf eigene Selbstverwirklichungschancen;
- Bejahung der Gleichheit und der Gleichberechtigung zwischen den Geschlechtern;
- Betonung der eigenen Gesundheit;
- Hocheinschätzung einer ungefährdeten und bewahrenden Natur;
- Skepsis gegenüber den Werten industrialisierter Gesellschaften wie Gewinn, Wirtschaftswachstum und technischer Wandel.

◼ Wirtschaftliche Veränderungen

Waren in früheren Zeiten die Mitarbeiter der Unternehmen (Industrie, Handwerk) überwiegend ausführende Arbeitskräfte mit starren Arbeitszeiten, genau vorgegebenen Arbeitsplänen, exakter Aufgabenverteilung durch die Vorgesetzten und von Verantwortung nur wenig betroffen, so sind in der heutigen Zeit des technologischen Wandels mit zunehmender Differenzierung und Spezialisierung der Aufgabenbereiche „mitdenkende" Mitarbeiter gefragt, die es gewohnt sind im Team zu arbeiten, selbstständige Aufgabenplanung durchzuführen und Verantwortung im Einkauf, der Produktion sowie der Qualitätssicherung zu übernehmen.

Spitzenverbände der Wirtschaft[3] formulieren diesbezüglich:
„Die Werteorientierung junger Menschen hat sich in den letzten Jahren entscheidend gewandelt. In der überwiegenden Mehrheit wollen sie nicht mehr passive Empfänger von Instruktionen und Unterweisungen sein, sondern sich schon während der Ausbildungszeit in den kontinuierlichen Lernprozess aktiv einbringen. Der Wunsch nach Eigenständigkeit und Verantwortung erwächst nicht erst nach Erhalt eines Ausbildungszeugnisses."

All diese Einflüsse haben zu einer Generation von Jugendlichen geführt, die sich in ihren Vorstellungen, Bedürfnissen, Ansprüchen, Werten usw. erheblich von der Generation ihrer Eltern und ihrer Lehrer unterscheidet.

---

3 Differenzierung, Durchlässigkeit, Leistung: Vorschläge der Spitzenverbände zur Weiterentwicklung von Schule, Berufsbildung und Hochschule, Bonn 1993.

◼ Auswirkungen auf das Bildungssystem
Die Vermittlung von Schlüsselqualifikationen durch schülerzentriertes und handlungsorientiertes Unterrichten

Durch die Vermittlung von Schlüsselqualifikationen wie Bereitschaft zur Kooperation, Teamfähigkeit und Flexibilität schon während der Schulzeit und während der Aus- und Weiterbildung können die Lernenden frühzeitig in diese neuen Anforderungen hineinwachsen.

Wenn Unterricht auch in Zukunft erfolgreich sein und Freude für beide Seiten bereiten soll, dann müssen wir einiges ändern. Wir sollten uns anderen Unterrichtsformen aufgeschlossen zeigen, überlegen, was unsere Schüler ansprechen könnte und wie wir sie motivieren können. Natürlich ist es erst einmal einfacher „normalen" Unterricht in überwiegend fragend-entwickelnder oder darbietender Form zu halten. Wir sind darin geübt, fühlen uns sicher.

Doch sollten uns folgende Gedanken und Fragestellungen, die Andreas Flitner in der Zeitung „Die Zeit"[4] bereits im Jahre 1985 formulierte, nicht nachdenklich machen und uns bewegen, unsere traditionellen Unterrichtsmethoden durch neue zu ergänzen?

„Wie lernen denn die Kinder von sich aus, wie kommen die unerhörten Lernleistungen der frühen Kindheit zustande, das Sprechen und Denken, das Laufen und Klettern, das Rollschuhfahren und die tausend weiteren Dinge, die ein Kind vor und neben der Schule lernt? Da sind offenbar starke Motoren tätig. Neugier, Erfahrungshunger, Reize aus der Welt und eine schier grenzenlose Bereitschaft der Kinder sich mit allem auseinander zu setzen. Sie wollen eigene Erfahrungen machen, sie sind begierig, etwas zu wissen und zu können im Umgang mit der Welt. Der Körper ist dabei ständig im Spiel, die Sinne sind hellwach und zu jeder Wahrnehmung bereit. Die Lust, auf die Umgebung einzuwirken und dabei sich selber als aktives und wirksames Wesen zu erfahren, scheint keine Grenzen zu kennen. Warum vergeht das oder bleibt so wenig wirksam in der Schule? "

Ein möglicher Ansatz wäre die Überlegung: Was brauchen unsere Jugendlichen im späteren (Berufs)leben? Spitzenverbände der Wirtschaft schreiben dazu:[5]

„Schulische Bildung umfasst aus Sicht der Wirtschaft Wissensvermittlung, Werteerziehung, Qualifizierung und Handlungsorientierung. Schule ist diesen Zielen verpflichtet. Sie vermittelt wesentliche Grundlagen, sowohl für die Persönlichkeitsbildung als auch für die spätere berufliche Tätigkeit. Sie muss die Jugendlichen zur praktischen Lebensbewältigung und zu verantwortungsbewusstem Handeln in Staat, Gesellschaft und Wirtschaft befähigen."

---

4 Die Zeit

5 Differenzierung, Durchlässigkeit, Leistung: Vorschläge der Spitzenverbände zur Weiterentwicklung von Schule, Berufsbildung und Hochschule, Bonn 1993.

Handlungsorientiertes Unterrichten

Kaum ein Begriff ist im Bildungswesen jemals so unterschiedlich interpretiert worden wie „Handlungsorientierung". Handlungsorientiert heißt, der Lernende soll nicht passiver Empfänger von Informationen sein, sondern an der Handlung aktiv mitwirken.

Handlungsorientiert unterrichten bedeutet, dass der Lehrende dem Lernenden ermöglicht, sich selbsttätig einzubringen.

Bei Hoffmann/Langefeld[6] können wir lesen: „Handlungsorientierung verknüpft Wahrnehmen, Denken und Handeln und ermöglicht ein Wechselspiel zwischen einem praktischen Tun bzw. konkreten Erfahrungen und kritisch-systematischer Reflexion."

Handlungsorientierte Themenbearbeitung

Die handlungsorientierte Themenbearbeitung (HOT) sowie die Projektarbeit nehmen in den Bildungsplänen und Lehrplänen kontinuierlich an Bedeutung zu.

Bei der handlungsorientierten Themenbearbeitung steht die Selbststeuerung der Lernenden im Vordergrund. HOT stellt somit die kontinuierliche Weiterentwicklung von handlungsorientiertem Unterricht dar. Der Lehrende rückt noch mehr in den Hintergrund, er wird zunehmend zum Lernberater und Moderator.

Die Lernenden setzen sich eigenständig Ziele und Aufgaben, planen die Handlungen, führen diese eigenständig durch, kontrollieren die Ergebnisse und bewerten die Handlungen im Anschluss.

Es stellt sich also die Frage, mit welchen Mitteln bzw. mit welchen Methoden kann der Lehrer erreichen, dass die Schüler einen Sachverhalt handelnd erschließen.

1.2 Unterrichtsgestaltung in unserer Zeit

■ Das Lernen

Lernen ist ein Prozess, der Zeit braucht. Aber wir leben in einer Welt, die anscheinend immer weniger Zeit zur Verfügung stellt. Was und wie muss also gelernt werden, damit das heute Gelernte morgen noch Bestand hat?

Lernen bedeutet, Wissen, Fähigkeiten und Fertigkeiten zu vermehren; abhängig von den individuellen Möglichkeiten des Lernenden und abhängig von dem jeweiligen

---

6 Hoffmann / Langefeld: Methodenmix, Winklers Verlag, 1. Auflage 1996.

Kontext, in dem schulisches und außerschulisches Lernen stattfand und stattfindet. Der Lernprozess will vom Lernenden als sinnvoll und lustvoll erlebt werden, er soll Anstrengung und Herausforderung spüren lassen. Der Lernstoff darf jedoch nicht als unbezwingbarer Berg vor dem Lernenden stehen, sondern soll eine gesunde Balance zwischen Anstrengung und Spaß bieten, nur so kann Lernen fruchtbar werden.

Womit erreichen wir unser Ziel, Wissen, Fähigkeiten und Fertigkeiten zu vermitteln und zu trainieren?
Methoden sollen es den Lernenden erleichtern, Wissen zu erforschen und Fertigkeiten zu verbessern bzw. zu erweitern. Die Methoden stellen hierbei ein Vehikel dar, mit dem der Lernende sein Ziel, vielfältige Lernerfahrungen aufbauen zu können, erreicht.

Zur Verdeutlichung sei hier darauf hingewiesen, dass beim traditionellen Unterricht die Wissensvermittlung durch den Lehrenden sehr stark im Vordergrund steht.
Der Lehrende zerstäubt in vorbereiteten Dosen Wissen über die Lernenden und diese nehmen dieses Wissen weitgehend passiv auf. Der Lernende hört zu, er sieht zu, er prägt sich etwas ein, er liest, er beobachtet – er wird gefüttert und hat vielleicht verstanden. Mitunter wird der Lernende mit Wissen gestopft und sein Schutzmechanismus wird eingeschaltet – er schaltet ab.
Lerninhalte werden häufig während der jeweiligen Lernsituation zunächst verstanden. Sind die Lernenden jedoch auf sich gestellt, brüten sie über den Aufgaben und können sie oft nicht lösen, weil sie nur den Input des Lehrenden aufgenommen, aber das Wissen nicht aktiv verarbeitet haben. Sie haben keine Beziehungen zu schon bekanntem Wissen im Kopf knüpfen können, sie finden deshalb die Lösung schwer oder gar nicht. Ein frustrierendes Erleben lässt die Anstrengungsbereitschaft des Lernenden sinken. Bei der klassischen Abfragearbeit ist sehr leicht kontrollierbar, was der Lehrende von sich gegeben hat. Weniger kontrollierbar ist die Verankerung und die Vernetzung des Wissens in den Köpfen der Lernenden. Das frustrierende Erleben stellt sich oftmals wieder ein und Unlust, Unkonzentriertheit und Vermeidungsverhalten im schulischen Lernen sind nicht selten die Folge.

Beim methodenorientierten und teilnehmeraktivierenden Unterricht stehen die Lernenden und deren Verarbeitungsprozesse im Vordergrund.
Als wichtige Voraussetzung für die Lernenden gilt auch hier ein Input. Informationen über Stoffinhalte müssen dem Lernenden zugänglich gemacht werden, sei es durch Vortrag oder durch Selbsterarbeitung. Entscheidend für die Lernenden ist die sich anschließende Verarbeitungsphase. Hier findet der eigentliche Lernprozess statt, indem die Lernenden die Möglichkeit haben, sich Notizen zu machen, Lern-Landkarten, Lernskizzen, Mind-Maps zu erstellen, Fragen zu formulieren, miteinander

zu diskutieren oder sich Sachverhalte spielerisch zu erschließen und vieles mehr. Während dieser Phase – Synthese genannt – hat jeder Lernende die Möglichkeit, den Stoff individuell zu strukturieren, Assoziationen zu schon vorhandenem Wissen herzustellen, unverständliche Sachverhalte zu klären und Lücken zu schließen. Jetzt können die Informationen geordnet im Langzeitgedächtnis abgespeichert werden.

Ob Lernen wirklich stattgefunden hat, zeigt die Phase des Output. Hier müssen die Lernenden rekonstruieren, wiedergeben, anwenden, transferieren und präsentieren. War das Lernen erfolgreich und wurde es extrinsisch und/oder intrinsisch belohnt, spornt dies zu weiterer Anstrengungsbereitschaft an und fördert so die Lust neue Lern-Herausforderungen anzunehmen.

Wegen der durch den Einsatz vielfältiger Methoden entstandenen Rhythmisierung der Lernprozesse (Abwechslung von aufnehmenden und verarbeitenden Phasen) werden Motivation, selbstverantwortetes Lernen und Selbstbewusstsein beim Lernenden gestärkt.

■ Kompetenzerwerb

Unterrichtsgeschehen besteht immer schon aus 3 Komponenten Thema/Inhalt/Methoden (vgl. nachfolgendes Schaubild): Dem Thema oder Inhalt der Lerneinheit, dem Individuum und der Gruppe. Dem Fachwissen wird bis in die heutige Zeit ein sehr großer Stellenwert eingeräumt. Jedoch müssen alle drei Faktoren gleichwertig Beachtung im Lernprozess finden, soll er erfolgreich verlaufen. Sobald das Gewicht zu stark auf eine Komponente gelegt wird, leiden die beiden anderen und Lernen kann nicht mehr sinnvoll und ganzheitlich erlebt werden.

Thema/Inhalt: Detailwissen veraltet sehr schnell, deshalb müssen Lerninhalte auf breites Grundlagenwissen reduziert werden. Dieses kann dann in Form einzelner Bausteine des Wissens für den Lernenden herangezogen werden. Sie müssen für sinnvolles Lernen in nachvollziehbaren Sinnzusammenhängen stehen und möglichst viele Assoziationen zu schon bekannten Inhalten aufweisen bzw. ermöglichen. Der Sinnzusammenhang ist entscheidend, damit der Lernende Details nach seinen eigenen Bedürfnissen zufügen und Lernbeziehungen neu knüpfen kann.

Methodenvielfalt lässt es zu, Kreativität und Intuition der vielen Individuen innerhalb einer Lerngruppe in den Lernprozess zu integrieren und deren eigene Persönlichkeit weiterzuentwickeln.
Methodenwissen befähigt die Lernenden lebenslang, selbstständig, selbstverantwortlich und selbstorganisiert zu lernen. Jeder Lernende soll dabei die Möglichkeit haben, seinen eigenen Weg zu finden und zu gehen.

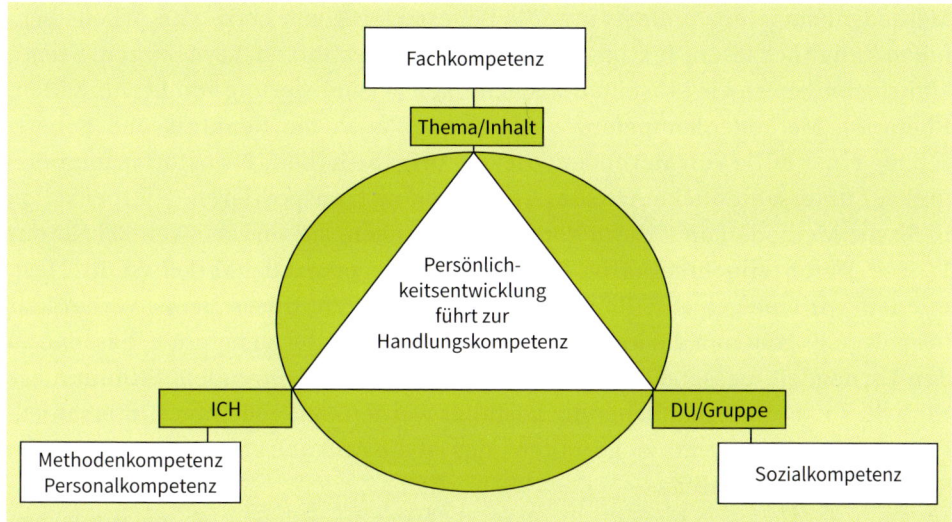

Verändert nach Ruth Cohn, Modell der themenzentrierten Interaktion

Werden die Individualität der Lernenden und deren Vielfältigkeit, bedingt durch die unterschiedlichen Möglichkeiten und Fähigkeiten der Gruppenmitglieder, in den Lernprozess eingebracht und vom Lehrenden und den Gruppenmitgliedern berücksichtigt, kann Lernen gut gedeihen.

Kompetenzen, die sich aus gesellschaftlichen Entwicklungen heraus ergeben und die auch von der Wirtschaft gefordert werden, müssen auch in der Schule gelernt werden können. Dazu ist es notwendig, dass wir neben dem Fachwissen auch methodisches und soziales Wissen und Können vermitteln.
Wichtig für alle Kompetenzen, die sich unter dem Begriff „Handlungkompetenz" subsummieren, ist ihre Ausgewogenheit. Jede einseitige Betonung vermindert einen tatsächlichen und langfristigen Lernerfolg.
Wenn es den Lehrenden gelingt, die Vermittlung der Kompetenzen bei den einzelnen Lernaufgaben im Gleichgewicht zu halten und sie in den Lernprozess natürlich zu integrieren, kann Lernen fruchtbar werden.

Sozialkompetenz und Personalkompetenz können nicht geschult werden, indem sie zum Inhalt gemacht werden. Fähigkeiten wie Arbeiten im Team, Akzeptanz von Gruppenregeln, Kommunikation, Selbstorganisation, Eigenverantwortung für Lernprozesse und Konfliktbearbeitung müssen im Klassenzimmer aktiv erlebt werden. Nur wenn diese selbst erlebt wurden, können sie langfristig verinnerlicht werden. Nur wenn Wissen und Können implementiert worden sind, stehen sie dem Menschen unabhängig von äußerer Leitung dauerhaft zur Verfügung.

Methodenkompetenz umfasst u. a. die Beherrschung von Lern- und Arbeitstechniken (inhaltlich lesen, Textbearbeitung), Mnemotechniken, Lernskizzen, Kreativitätstechniken sowie Präsentationstechniken (Visualisierung von Lerninhalten, Rhetorik). Methodenkompetenz umfasst aber auch die Kenntnis und Beherrschung einer Fülle von Methoden, die die Aufgabe haben, Lernstoff erfolgreich und auf unterschiedliche Art zum Lernenden zu transportieren. Hierbei sollen nicht die Methoden an sich im Vordergrund stehen; sie sind nur Vehikel für das Wissen. Durch teilnehmeraktive Lernmethoden legen wir das Verkehrsmittel fest, mit dem wir eine geplante Reise unternehmen wollen. Unser Ziel ist vorher klar festgelegt. Es geht nun darum, das beste Transportmittel zu nehmen, passend zu den Lernenden, passend zum Stoff und passend zum Lehrenden. Stimmt diese Einheit, so kann Lernen lebendig gestaltet werden und gedeihen. Unterschiedliche Lernarrangements zu gestalten - das ist die Aufgabe eines Lernberaters im Schul- und Seminaralltag.

1999 hat die UNESCO festgestellt, dass die Jugend von heute lebenslang lernen muss, um flexibel auf den Arbeitsmarkt reagieren zu können. Kaum ein Jugendlicher wird in der Zukunft mit nur einer Berufsausbildung bis zum Rentenalter auskommen.

Vor diesem Hintergrund wird häufig der Stellenwert des Fachwissens diskutiert. Die Halbwertszeit des Wissens wird immer geringer. Dennoch müssen wir in den Schulen weiterhin wirkliches Basiswissen (Grundkenntnisse) vermitteln. Daneben ist ein wesentlicher Auftrag von Bildung aber die Vermittlung von Methodenkompetenz, Sozial- und Personalkompetenz und deren Integration in die unterschiedlichen Lernprozesse. Methodenkompetenz, Sozial- und Personalkompetenz müssen erlernt und eingeübt werden, damit es im späteren Leben abrufbar ist und individuelle Lernprozesse eingegangen werden können. Dies braucht in der Schule und anderen Lernorten Raum und Zeit.

■ Der handlungsorientierte Lernprozess

Teilnehmeraktive Lernmethoden benötigen durch den Lehrenden vermitteltes Grundlagenwissen, Alltagswissen der Lernenden, motivierende Fragestellungen, die Möglichkeit der Verankerung des Gelernten im Gedächtnis und die Vernetzung einzelnen Wissens zu einem großen Wissensgebilde.

Bei der Gestaltung von handlungsorientierten Lernprozessen müssen folgende Faktoren berücksichtigt werden: Die Vorbereitung, der Lernprozess, die Nachbereitung, die Rolle der Lernenden und die Rolle der Lehrenden. Alle Faktoren stehen miteinander in Beziehung und bedingen sich gegenseitig.

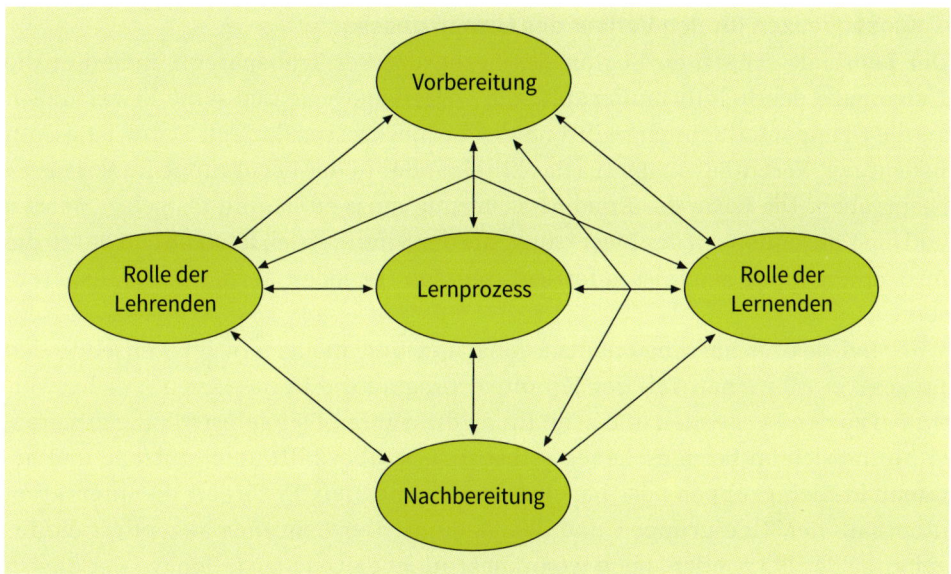

■ Konsequenzen für die Vorbereitung einer Lerneinheit

Durch handlungsorientierte Methoden geht die Aktivität weg vom Lehrenden hin zum Lernenden. Der Lehrende übernimmt eine individuell lernunterstützende und beratende Funktion innerhalb von gut vorbereiteten Lernaufgaben. Die Lernaufgaben müssen dabei den Möglichkeiten des Lernenden entsprechen und Interesse beim ihm wecken.

Damit dies optimal geschehen kann, muss die Zielvorgabe klar beschrieben und das für die Lernaufgaben notwendige Basiswissen abgeklärt werden.

Je gründlicher die Struktur überlegt wird, desto sicherer ist in der Regel der Lernerfolg: für welche Zielgruppe gilt die Vorbereitung, welche Vorkenntnisse haben die Lernenden, welche Inhalte werden benötigt, welche Methoden eignen sich für die Erarbeitung der Lernaufgabe, welche Räumlichkeiten stehen zur Verfügung, wie soll die Schüleraktivität gestaltet werden, welches Material ist hierzu notwendig, wie viel Zeit steht für das Thema zur Verfügung, wie könnte der Prozess verlaufen und wo könnten Stolpersteine auftreten?

Das Material zur Erarbeitung der Lerninhalte muss vorbereitet und die Arbeitsaufträge zielgerichtet und konkret formuliert und visualisiert werden.

Die Form der Ergebnissicherung muss vorgedacht werden: Protokolle, Präsentationen, Referate, Arbeitspapiere etc. Mögliche Stolpersteine gilt es zu bedenken und die Frage der Aufzeichnungen für die Hand der Lernenden ist zu klären. Der Arbeitsaufwand bei der Vorbereitung des Unterrichts ist für den Lehrenden hoch. Die mehrmalige Nutzung des Materials in verschiedenen Lerngruppen lässt die Arbeit jedoch wieder deutlich geringer werden.

■ **Konsequenzen für den Verlauf des Lernprozesses**

Der Lehrende schafft zu Beginn des Lernprozesses Transparenz, indem er die Zielvorgabe deutlich formuliert und die Vorgehensweise und seine Erwartungen an die Gruppenteilnehmer während des Lernprozesses darlegt. Dafür ist es von Bedeutung, Vereinbarungen für das Miteinander in der Lerngruppe im Voraus zu besprechen. Die Form der Ergebnissicherung muss zu Beginn festgelegt werden und die Konsequenzen der Bewertung, die der Schulbetrieb letztendlich durch die Ausstellung eines Zeugnisses festlegt, müssen für jeden Lernenden transparent sein.

Während des Lernarrangements beobachtet und moderiert der Lehrende den Prozess; er gibt einen Teil der Verantwortung an die Lernenden ab; er hat Vertrauen zu den Lernenden und zeigt ihnen dies; er lässt sie selbstständig arbeiten; er nimmt sich im Lerngeschehen selbst zurück, aber hilft unterstützend und beratend in Kleingruppen oder bei einzelnen Lernenden. Er fördert die Interaktion innerhalb der Kleingruppen und des Plenums. Der Lehrende akzeptiert die Ergebnisse der Lernenden, auch wenn diese nicht ganz so ausfallen, wie er dies in einem klassischen Tafelbild selbst dargestellt hätte. Er gibt klar und offen über das Erarbeitete Rückmeldung.

Er schafft Möglichkeiten für ein konstruktives Feedback sowohl im fachlichen als auch im methodischen und sozialen Bereich. Er lässt eine Feedbackkultur im Lernzimmer entstehen und ermuntert die Lernenden, diese zu nutzen.

Während des Prozesses notiert sich der Lehrende Ereignisse über die einzelnen Personen, die verschiedenen Gruppen und den Prozess.

Selbstständig im Unterricht zu arbeiten, muss von den Schülern bzw. Teilnehmern erst gelernt werden. Dies ist ein längerer Prozess, während dem sich die Lernenden neu orientieren müssen. Fort vom stundenlangen Rezipieren, hin zum Selbst-Tun. Dies gilt gleichermaßen für die prozessorientierte Arbeit des Lehrenden. Alle am Prozess Beteiligten brauchen hierfür Geduld und Zeit zum Ausprobieren und Einüben.

Die Lehrenden haben in ihrer Rolle als Lerninitiator die Verantwortung, Lernprozesse bei den Lernenden in Gang zu setzen, am Laufen zu halten und zu einem erfolgreichen Abschluss zu bringen. Je reifer und selbstständiger der Lernende wird, desto mehr Eigenverantwortung für die initiierten Lernprozesse muss er selbst übernehmen.

■ Konsequenzen für die Nachbereitung

Bei der Nachbereitung der Lernarrangements gilt es, die Lernfortschritte der Lernenden in den Bereichen der Methoden-, Sozial- und Personalkompetenz zu reflektieren und festzuhalten und den Wissenszuwachs (Fachkompetenz) der Gruppe und der Einzelnen zu überdenken.

Bei der Leistungsfeststellung müssen konsequenterweise das Einbringen des Lernenden in den Lernprozess, in die Kleingruppe, in das Plenum sowie die Präsentationsform und auch der Inhalt gleichgewichtig bewertet werden.

Der Austausch mit Kollegen im Team ist hierfür sehr förderlich und lässt die Sicherheit der Bewertung auf allen drei Kompetenzebenen wachsen.

■ Konsequenzen für die Rolle der Lernenden

Die Lernenden sind gegenüber den lernaktiven Methoden aufgeschlossen und übernehmen Verantwortung für den eigenen Lernprozess, indem sie sich in den Prozess aktiv einbringen. Sie sind bereit, sich auf Teamarbeit und Verantwortung für sich und ihre Lerngruppe einzulassen. Die Lernenden sind bereit miteinander zu kommunizieren, zu kooperieren, sich gegenseitig Feedback zu geben und dieses anzunehmen und Konflikte gemeinsam bearbeiten zu wollen.

Je höher ihre Methodenkompetenz und ihre Sozial- und Personalkompetenz und je besser ihr Grundlagenwissen, desto selbstständiger können sie Fachwissen aufnehmen, mit vorhandenem Wissen vernetzen und sich selbst notwendiges Detailwissen aneignen.

■ Konsequenzen für die Rolle der Lehrenden

Die Rolle der Lehrenden verändert sich hin zum Kompetenzentwickler, indem er innerhalb seines Unterrichtes Fachkompetenz, Methodenkompetenz, Sozial- und Personalkompetenz gleichermaßen unterstützt und fördert. Die Lehrenden werden zu Prozesshelfern und Prozessbegleitern und sie verstehen sich als Wissensanbieter. Dazu ist ein Umdenken von der traditionellen Rolle der Lehrenden notwendig. Verantwortung für den Lernprozess und letztendlich für den Lernerfolg wird zum Teil an die Lernenden delegiert und auch wirklich mit allen Konsequenzen abgegeben. Während des Unterrichts verlangt es von Seiten des Lehrenden viel Offenheit für unterschiedliche Wege zum formulierten Ziel. Souveränität und Flexibilität im Umgang mit dem Stoff, im Umgang mit den Methoden und im Umgang mit den Lernenden sind notwendig.

Die Lehrenden sind im Bereich der teilnehmeraktiven Lernmethoden sehr stark gefordert. Die Vorbereitung von schüleraktivem, handlungsorientiertem Unterricht nimmt oft sehr viel mehr Zeit in Anspruch als bei anderen Methoden, weshalb es gut ist, wenn sich die Lehrenden in Teams zusammenfinden, kooperieren und sich austauschen. Letztendlich ist das eigene Erleben die beste Voraussetzung um Teamarbeit bei den Lernenden einzuführen und langfristig auch außerhalb des Lernortes zu erreichen.

Solche Teams sind den Anforderungen der neuen Bildungspläne, der Einführung der handlungsorientierten Themenbearbeitung und der Lernfelder im allgemeinbildenden und im beruflichen Schulwesen, des fächerverbindenden Unterrichts und der Projektarbeit sowie den Gedanken der Schulentwicklung und der Qualitätssicherung gewachsen.

■ Fazit

Lehrende und Lernende müssen sich in ihrem Denken verändern, wenn sie für die Zukunft vorbereitet sein wollen.

DieArbeitszufriedenheitunddamitdieLebenszufriedenheitderLehrendensowiedie UnterrichtsqualitätderSchulen,derLehrerausbildungsstättenundWeiterbildungsinstitutionen werden dabei kontinuierlich gefördert.

Die Chancen der Lernenden in der Wirklichkeit des Lebens zurechtzukommen werden dadurch verbessert.

2. Handlungsorientierte Unterrichtsmethoden im Überblick

Versucht man die vielfältigen Methoden in ein System zu bringen, stößt man sehr schnell an Grenzen. Ist eine Methode nun tätsächlich eine Einstiegsmethode oder ist sie nicht gar eine Methode zur Lernzielkontrolle oder auch beides?

Dennoch haben wir eine Einteilung gewagt, die aber nur einen groben Leitfaden darstellen kann.
Wir glauben, dass dieser Versuch einer Systematisierung eine Orientierung auf den ersten Blick erleichtert.

2.1. Versuch einer Systematisierung

Methoden zum Einstieg / zu Beginn einer Lerneinheit	Methoden zur Aktivierung	Methoden zur Erarbeitung neuer Lerninhalte / zur Vertiefung von Lerninhalten	Methoden zur Lernziel- kontrolle	Methoden zum Abschluss einer Lerneinheit
ABC-Methode	Aktivierung durch Bewegung	Aktionskarten	ABC-Methode	Blitzlicht
Aktionskarten	Barometer	Arbeitstheke	Aktionskarten	Ciao
Bilder-Kiosk	Bilder-Kiosk	Bilder-Kiosk	Arbeitstheke	Fishbowl
Blitzlicht	Blitzlicht	Expertenbefragung	Bilder-Kiosk	Kaffeehaus
Brainstorming	Brainwalking	Fallstudie	Brainwriting	Kofferpacken
Brainwalking	Ciao	Fragerunde	Domino- Methode	Kugellager
Brainwriting	Einpunktfrage	Fünf Hüte	Fach-Wort-Schatz	Markt der Möglichkeiten Marktplatz
Domino- Methode	Formationen bilden	Gruppenarbeit	Fragerunde	Meditation / Phantasiereise
Einpunktfrage	Methode 66	Gruppenpuzzle	Markt der Möglichkeiten / Marktplatz	Partnerinter- view
Fragerunde	Zuruffrage	Impulsreferat	Mind-Map	Rundgespräch
Kartenfrage		Leittext-Methode	Museumsmethode	Piazza
Kopfstand- Methode		Masterchart	Partnerarbeit	Steckbrief

Methoden zum Einstieg / zu Beginn einer Lerneinheit	Methoden zur Aktivierung	Methoden zur Erarbeitung neuer Lerninhalte / zur Vertiefung von Lerninhalten	Methoden zur Lernziel-kontrolle	Methoden zum Abschluss einer Lerneinheit
Kugellager		Mind-Map	Präzisionsarbeit	Steinbeißer-Methode
Meditation / Phantasiereise		Rollenspiel	Rollenspiel	Vernissage
Partnersuche		Risiko	Risiko	Tabu
Mind-Map		Rundgespräch	Rundgespräch	Triade
Museumsmethode		Sandwich-Methode	Stationen lernen	Und Tschüss
Partnerinterview		Stationen lernen	Stichwort-geschichte	
Rollenspiel		Steinbeißer-Methode	Triade	
Steckbrief		Themenliste		
Themenliste		Wachsende Gruppen		
Triade		WWW-Methode		
Zuruffrage				

2.2. Der Einsatz von handlungsorientierten Unterrichtsmethoden

Viele Wege führen nach Rom – oder es gibt viele Möglichkeiten interessanten Unterricht bzw. erfolgreiche Seminare zu gestalten.

Jede Methode, wird sie zu häufig oder falsch angewendet, langweilt und demotiviert die Lernenden.

Bevor Sie sich für die eine oder andere Methode entscheiden, sollten Sie sich grundsätzlich vier wesentliche Fragen stellen:

* „Passt die Methode zu meinem zu vermittelnden Stoff?"
* „Passt die Methode zu der mir zur Verfügung stehenden Zeit?"
* „Passt die Methode zu den von mir zu unterrichtenden Schülern?"
* „Passt die Methode zu mir, dem Lehrer?"

3. Methoden im Detail

ABC-Methode

Einsatzmöglichkeiten	Sammeln von Ideen über ein Strukturierungs-element (Alphabet)
Lernziele	– Sammeln von Einstellungen / Wissen / Begriffen zu einem bestimmten Thema; – Konzentrationsfähigkeit trainieren; – Selbstbewusstsein und Solidarität stärken; – Wiederholen von Lernstoff; – Sammeln von Argumenten für ein Pro und Contra.
Durchführung	Methode erklären: **1. Schritt:** **Einzelarbeit oder Partnerarbeit:** Zu jedem Buchstaben des Alphabets wird ein Begriff bzw. Einfall notiert. **2. Schritt:** **Arbeit im Plenum:** Vorlesen der einzelnen Meinungen zu jedem Buchstaben, Sammeln an einer großen Moderationswand / Infowand. **oder Partnerarbeit:** Zwei Teilnehmer finden sich zu einem Paar, vergleichen die beiden Listen und streichen Dubletten. In einem 2. Durchgang einigen sie sich auf eine Prioritätenliste der Begriffe für die vorgegebene Themenstellung (dieser Schritt entfällt, wenn der 1. Schritt schon in Partnerarbeit gelöst wurde). **Kleingruppenarbeit:** Je zwei Tandems vergleichen ihre beiden Listen, streichen Dubletten, erstellen eine Prioritätenliste und gestalten diese auf einem Wandplakat für den anstehenden „Markt der Möglichkeiten" (Wandzeitung, Metaplanarbeit, Gestaltung von Umrissen etc.) im Plenum.

	3. Schritt: **Arbeit im Plenum:** Besichtigung der Möglichkeiten, gemeinsame Ableitung von Fragestellungen durch die Ergebnis- bzw. Ideenpräsentation.
Zeit	– Sammeln auf ABC-Liste ca. 10 Minuten; – Austausch in den Kleingruppen ca. 20 Minuten; – Information im Plenum ca. 10 Minuten.
Teilnehmer	Einzelarbeit bis Klassenstärke
Materialien	– Vorbereitete ABC-Listen; – Wände, Flipchart, Papier, Papierrolle, Stifte usw. für Markt der Möglichkeiten.
Erfahrungen / Mögliche Stolpersteine	– Teilnehmer diskutieren zu lange über einzelne Begriffe, können Zeit nicht gut einhalten → Zeitwächter bestimmen; – Teilnehmer wollen oder können sich nicht auf Begriffe einigen → Einsatz als Moderator gefragt; – Teilnehmern fehlt Übung im Bereich Visualisierung und Präsentation; – Teilnehmer versuchen zwingend zu jedem Buchstaben ein Beispiel zu finden
Integration	Nachdem durch die ABC-Methode breit gesammelt und anschließend auf einige wichtige Aspekte zum Thema verdichtet wurde, können sich unterschiedliche Arbeitsformen anschließen: Gruppenarbeit (arbeitsgleich oder arbeitsteilig), Gruppenpuzzle, Stationen lernen, Pro und Contra, Lernen durch Lehren, selbstorganisiertes Lernen etc.
Persönliche Notizen	

ABC-Methode		Beispiel
Thema: Bauteile eines KfZ · Parts of a motor vehicle		

A	accelerator Gaspedal	**N**	
B	break Bremse	boot Kofferraum	**O**	
C	carburettor Vergaser	**P**	petrol pump Benzinpumpe
D		**Q**	
E	engine	**R**	rear seat Rücksitz	rear light Rücklicht
F		**S**	seat Sitz
G	gearbox Getriebe	**T**	tyre Reifen
H	headlight Scheinwerfer	**U**	
I	indicator Blinker	injection Einspritzung	**V**	
J		**W**	indscreen Windschutz- scheibe	wheel Rad
K		**X**	
L	lock Schloss	**Y**	
M		**Z**	

Arbeitsanweisung:

1. Sammeln Sie zu jedem Buchstaben Begriffe zum ausgewählten Thema. Einigen Sie sich mit Ihrem Partner auf die 10 wichtigsten Begriffe.

   Zeit: 10 Minuten

2. Setzen Sie sich mit einer anderen 2er Gruppe zusammen und bearbeiten Sie die beiden Listen, um wiederum die insgesamt 10 wichtigsten Begriffe festzulegen.

   Zeit: 5 Minuten

3. Suchen Sie sich eine 4er Gruppe und bilden Sie eine neue Gruppe. Einigen Sie sich auf 10 gemeinsame Begriffe.   Zeit: 10 Minuten

4. Stellen Sie Ihre Ergebnisse z. B. auf einem Plakat, einer Wandtafel, ... als Grundlage zur Weiterarbeit dar.   Zeit: 10 Minuten

Einsatz: Zum Einstieg;
Zur Erarbeitung neuer Lerninhalte / Vokabeln;
Zur Lernzielkontrolle.

Schulart: Sprachunterricht in der Berufsausbildung, z. B. Berufsschule, Metalltechnik.

Didaktische Vorgehensweise / Anmerkungen:
– Die Schüler bekommen den Auftrag möglichst viele Begriffe zum o. g. Thema in englischer Sprache zu finden.
– Je nach Ermessen des Lehrenden bzw. dem Kenntnisstand der Schüler kann ein Wörterbuch verwendet werden.
– Die Schüler bekommen unter Punkt 4 z. B. den Auftrag: Formulieren Sie in Ihrer 4er Gruppe eine Kurzgeschichte / einen Kurzbericht mit den 10 auserwählten Begriffen.

Zeit: 45 Minuten

Aktionskarten	
Einsatzmöglichkeiten	– Zum Wiederholen von Lerninhalten; – Zum Vertiefen von Lerninhalten; – Zum Einstieg in ein Thema.
Lernziele	– Zum Verbessern der Ausdrucksfähigkeit (sprach-licher Ausdruck, Mimik, Körpersprache); – Zur Weiterentwicklung der Kreativität und Spontanität; – Informationen und Erfahrungen werden spielerisch dargestellt; – Anderen zuhören/zuschauen und sich selbst präsentieren können.

Durchführung	Methode erläutern
	1. Großgruppe in zwei Kleingruppen unterteilen, die gegeneinander spielen.
	2. Jedes Gruppenmitglied einer Partei zieht, wenn es an der Reihe ist, zwei Karten.
	– Auf der ersten Karte ist das Thema formuliert;
	– Auf der zweiten Karte ist die Art und Weise der Darstellung formuliert:
	  • Umschreiben des abgebildeten Themas/ Gegenstandes ohne die wörtliche Benennung;
	  oder
	  • Zeichnen auf eine Overheadfolie ohne zu sprechen (Prinzip Montagsmaler);
	  oder
	  • Pantomimische Darstellung.
	
	Die Darstellung soll so sein, dass die eigene Gruppe das gesuchte Thema bzw. den gesuchten Gegenstand in einem vorgegebenen Zeitrahmen (in der Regel 30 Sekunden) erraten kann; dafür erhält sie einen Pluspunkt.
	
	Die Methode endet, wenn die vorgesehenen Runden gespielt sind und die Siegergruppe ermittelt ist.

Zeit	30 bis 45 Minuten

Teilnehmer	Kleingruppe bis Großgruppe
Materialien	Vorbereitete Karten evtl. farbig codiert und laminiert zur besseren Haltbarkeit mit – Themen – Darstellungsform
Erfahrungen / Mögliche Stolpersteine	– „Spielbereitschaft" bei den Teilnehmern noch nicht genügend vorhanden. – Mangelhaftes Vertrauensklima in der Gruppe → Gruppe muss sich kennen, sonst oft Vorbehalte. – Einzelne Teilnehmer verweigern pantomimische Darstellungen → evtl. als Partner- oder Gruppenarbeit vergeben. – Teilweise erspüren Teilnehmer nicht den „Sinn" dieses Tuns und sperren sich dagegen → Mut machen, Neues auszuprobieren.
Integration	Arbeiten mit Aktionskarten kann eine ganze Arbeitseinheit abschließen oder eine neue Arbeitseinheit einführen.
Persönliche Notizen	

Arbeitstheke

Einsatzmöglichkeiten	– Zur selbstständigen Erarbeitung neuer Lerninhalte; – Zur Vertiefung eines Lerngebietes; – Am Ende einer Lernsequenz, um den Teilnehmern die Möglichkeit zu geben, eventuelle Lücken zu schließen.
Lernziele	– Selbstständig Wissen aneignen; – Selbstständig Lernerfolg überprüfen; – Stärken der Selbstverantwortung.
Durchführung	Methode erklären – Es werden mehrere Aufgaben auf eine „Theke" (Tisch, Fensterbrett, …) ausgelegt; – Die Lösungen werden farblich deutlich codiert auf einer zweiten Theke (Ergebnistheke) ausgelegt; – Die Schüler wählen ihre Aufgaben selbstständig aus; – Es wird immer nur eine Aufgabe ausgewählt, bearbeitet und anschließend überprüft; – Nach dem erfolgreichen Bearbeiten erfolgt eine nächste Aufgabenbearbeitung usw.; – Die Methode endet, wenn der vorgegebene Zeitrahmen abgelaufen ist.
Zeit	Je nach Umfang der zur Verfügung gestellten Aufgaben 45 Minuten oder länger; Zeit zum Aufräumen einplanen.
Teilnehmer	Kleingruppe bis beliebig
Materialien	– Schriftliche Aufgaben/Arbeitsaufträge evtl. zur Verlängerung der Haltbarkeit laminieren; – Schriftliche Lösungen, deutlich farblich von den Aufgaben codiert, evtl. laminiert.
Erfahrungen / Mögliche Stolpersteine	– Teilnehmer nehmen mehrere Aufgaben mit an ihren Platz → den anderen stehen nicht genügend Aufgaben zur Verfügung. – Die Teilnehmer nehmen sich sofort die Lösungen → Lehrer muss anfangs die Bearbeitung überwachen, bis die Teilnehmer diese Arbeitsweise gewöhnt sind.

Integration	– Zusammenfassung der Ergebnisse / Vernetzung der Lerninhalte durch ein Rundgespräch im Plenum. – Arbeiten mit der Arbeitstheke schließt einen Methodenwechsel häufig schon ein; es können deshalb ein oder mehrere Arbeitseinheiten gefüllt werden.
Persönliche Notizen	

Assoziationsstern

Einsatzmöglichkeiten	– Zum Einstieg in ein Thema/eine Fragestellung; – Zur Sammlung von Wahlmöglichkeiten und vielen unterschiedlichen Ideen.
Lernziele	– Spontanität entwickeln; – Eigene Einfälle zum Thema einer Fragestellung entdecken und eigenen Einfällen Raum zur Äußerung geben; – Vielfalt von Ideen und/oder Lösungsansätzen finden und wahrnehmen – assoziatives Denken unterstützen; – Durch Assoziationen der Gruppenmitglieder eigene Ideen finden; – Eine grobe Struktur für das Thema ermöglichen.

Durchführung	Hinweise an die Teilnehmer:
	– Jede Idee wird aufgenommen, sei sie noch so ausgefallen;
	– Jeder kann sich mehrfach äußern;
	– Rückfragen, Kritik, Kommentare zu den Äußerungen sind nicht erlaubt;
	– Kurze Begriffe benutzen;
	– Teilnehmer sollen langsam, deutlich und laut sprechen;
	– Ein Teilnehmer schreibt die Ideen an den Assoziationsstern:
	  • Thema, Problem oder Fragestellung klar formulieren, in den Körper des Sterns schreiben, damit die Teilnehmer sich immer wieder an die eigentliche Fragestellung erinnern können;
	  • Die eigentliche Ideen-Sammlung wird durchgeführt.

Zeit	10 bis 15 Minuten
Teilnehmer	Kleingruppe bis Klassenstärke
Materialien	– Visualisierte Aufgabe im Assoziationsstern; – Moderationstafel und Stifte.

Erfahrungen / Mögliche Stolpersteine	– Der Protokollant kann sich beim Notieren überfordert fühlen, wenn der Gedankensturm bei vielen Schülern losgeht; – Schnelle, sprechgewandte Schüler sind im Vorteil, die ruhigen Schüler können hierbei ins Hintertreffen kommen; – Leicht durchzuführen, da es keine vorgegebene Strukturierung gibt.
Integration	– Strukturierung der „Geistesblitze" erfordert von den Lehrern einen hohen Grad an Flexibilität und von den Schülern eine hohe Konzentrationsfähigkeit und auch Konsensfähigkeit; – Vorarbeit für ein Mind-Map; – Strukturieren der Ideen und Vertiefen der Inhalte.
Persönliche Notizen	

Assoziationsstern   Beispiel

Überforderung

Unterforderung

Träume

(harte) Strafen

Dunkelheit

Donner/Blitz

Tiere

Vorbild

Schauermärchen

Warnungen

Alleinsein

Drohungen

**Wodurch
Kinder Angst
bekommen
können**

Tod

Liebesentzug

Trennung der Eltern

Bewegungseinengung

Laissez-faire Erziehung

Fremde

strenge Erziehung

Unerfahrenheit

Fernsehen

schlechte Erfahrung

Ablehnung

Verletzung von Regeln

Schuldgefühle

Barometer

Einsatzmöglichkeiten	– Zum Erkennen von Stimmungen zu Beginn, während oder am Ende einer Arbeitsphase; – Zur Visualisierung von Stimmungen.
Lernziele	– Eigene Gefühle wahrnehmen und ausdrücken; – Die Gefühlslage in einer Gruppe akzeptieren und Rücksicht darauf nehmen; – Mit Gefühlen umgehen lernen.
Durchführung	– Ein Plakat vorbereiten; – Plakat anmoderieren und dann zum Bepunkten aufrufen: „Einen Punkt für meine Stimmung"; Alle Teilnehmer gehen gemeinsam an die Tafel zum Bepunkten. **Beispiel 1:** „Wie fühle(n) ich mich (Sie sich) im Augenblick?" sehr wohl unwohl **Beispiel 2:** „Wie ist heute Morgen meine/Ihre Stimmung?"
Zeit	2 bis 5 Minuten, je nach Teilnehmerzahl
Teilnehmer	Kleingruppe ist beliebig

Materialien	– Vorbereitete Moderationswand/Metaplantafel oder Flipchart (Barometer visualisiert); – Punkte für die Teilnehmer
Erfahrungen / Mögliche Stolpersteine	– Es besteht die Gefahr, die Punkte an einer Stelle zu ballen, wenn die Gruppenmitglieder „gefallen" wollen.
Integration	– Das Bild kann als Momentaufnahme so stehen bleiben; – Evtl. Interpretation des Ergebnisses durch die Teilnehmer mit Visualisierung; – Evtl. Diskussion im Rundgespräch.
Persönliche Notizen	

Bilder-Kiosk

Einsatzmöglichkeiten	– Zum Einstieg in ein Thema; – Zum Kennenlernen von Teilnehmern; – Zur Vertiefung von Lerninhalten; – Zur Lernzielkontrolle.
Lernziele	– Gegenseitiges Kennenlernen und vertraut werden mit der Befindlichkeit/Einstellung von anderen Teilnehmern; – Eigene Einfälle zum Thema/zur eigenen Person einbringen; – Stellungnahme und Austausch der Teilnehmer untereinander über fachliche, allgemeine oder emotionale Themen bzw. Einstellungen.
Durchführung	– In der Raummitte oder im ganzen Zimmer werden unterschiedliche Bildermotive, z.B. Postkarten, Fotos usw. passend zur Themenstellung ausgelegt; – Die Teilnehmer gehen um diese Mitte bzw. im Raum umher und schauen sich alle Ausstellungsstücke an (entweder freies Umhergehen oder als Kreisformation, indem sie die Hände auf die Schultern des Nachbarn legen); – Jeder Teilnehmer entscheidet sich für ein Motiv und nimmt dieses zu sich; – Jeder Teilnehmer erzählt die eigenen Empfindungen bzw. das eigene Wissen zu diesem Gegenstand. **Variante:** – Die Teilnehmer finden sich in 2er oder 4er Gruppen und bearbeiten einen konkreten Arbeitsauftrag zu den Motiven der Karten.
Zeit	– Ca. 3 Minuten für die Besichtigung und die Entscheidung; – Pro Person bis max. 1 Minute zum Berichten bei emotionalem Austausch; – Entsprechend länger bei Bericht über fachliche Themen.
Teilnehmer	Kleingruppe bis Klassenstärke

Materialien	– Motive, passend zur Themenstellung; – Ca. 25% mehr Motive, als Teilnehmer beteiligt sind; es soll eine Auswahl für alle Teilnehmer gewährleistet sein.
Erfahrungen / Mögliche Stolpersteine	– Die Entscheidungsfrage ist für manche Teilnehmer schwierig. Hier kann der Hinweis, dass dies eine momentane Entscheidung ist und keine feste für alle Zeit, hilfreich sein; – Teilweise erspüren Teilnehmer nicht den „Sinn" dieses Tuns und sperren sich dagegen → Mut machen, Neues auszuprobieren; – Kurzfristig ziemlich laut und diffus → Zeichen für Entscheidungsende vorher vereinbaren; – Die Entscheidung den Teilnehmern überlassen, nicht eingreifen.
Integration	– Nach der Entscheidungsphase ist es wichtig, dass alle Teilnehmer gehört werden und ihren Beitrag sagen können; – Persönliche Mitteilungen können immer wieder während des Unterrichts aufgegriffen werden → stellt eine gewisse Vertrautheit her; – Thematische Mitteilungen können den Weg für die nächsten Schritte weisen; – Wichtig ist, dass die Methode nicht zum Selbstzweck losgelöst vom Kommenden steht.
Persönliche Notizen	

Blitzlicht

Einsatzmöglichkeiten	– Zu Beginn einer Arbeitseinheit; – Am Ende einer Arbeitseinheit; – Bei auftretenden Störungen oder Konflikten in der Gruppe.
Lernziele	**Für den Einzelnen:** – Aktivierung, um höhere innere Beteiligung zu stimulieren; – Kurze, präzise Formulierung der momentanen Befindlichkeit oder Stellungnahme zu einer Frage; – Die eigenen Gefühle, Wünsche, Störungen selbst wahrnehmen und ausdrücken können. **Für die Gruppe:** – Gegenseitige Information über das, was im Moment wichtig ist; – Spaltung der Gruppe in Redner und Schweiger wird entgegengewirkt; – Unsicherheiten und Unstimmigkeiten frühzeitig erkennen und klären; – Rücksichtnahme, Akzeptanz anderer Meinungen und Befindlichkeiten einüben.
Durchführung	Erklären der Regeln: – Einer spricht nach dem anderen; – Jeder sagt ein Wort / einen Satz / max. … Sätze; – Es wird nicht diskutiert; – Die Beiträge bleiben als persönliche Meinungsäußerung so stehen, wie sie mitgeteilt werden; – Evtl. kann nach dem Blitzlicht der ganzen Gruppe ein Gespräch folgen.
Zeit	Je nach Vorgabe und Gruppengröße 1 bis 10 Minuten
Teilnehmer	Kleingruppe bis Klassenstärke
Materialien	Evtl. ein Symbol für den Redner (Stein, Ball, o. ä.)
Erfahrungen / Mögliche Stolpersteine	– Das Blitzlicht kann seine Funktion nur erfüllen, wenn die Regeln eingehalten werden. Langatmige Beiträge und Diskussionen müssen unterbunden

	werden; manchmal müssen die Teilnehmer an die ausgemachten Regeln erinnert werden; – Meist bleibt ein Blitzlicht für sich stehen. Es muss nicht immer jedes Gefühl ausdiskutiert werden → Sensibilität ist erforderlich.
Integration	– Für den Leiter ist das Blitzlicht ein wichtiges Hilfsmittel, um zu erfahren, womit die Lerngruppe beschäftigt ist. Anschließend kann ein klärendes Gespräch, eine Konfliktklärung, eine Diskussion oder ein vertieftes Bearbeiten eines Schwerpunktes mit unterschiedlichen Methoden erfolgen; – Manchmal muss sich die geplante Weiterarbeit verändern, da Gefühle, wichtige Fragestellungen o. ä. im Raum stehen → Flexibilität der Leitungsperson ist gefordert.
Persönliche Notizen	

Brainstorming

Einsatzmöglichkeiten	– Zum Einstieg in ein Thema / eine Fragestellung; – Zur Sammlung von Wahlmöglichkeiten und vielen unterschiedlichen Ideen; – Im Falle „rien ne va plus" – wenn es stockt; – Zur Findung von alternativen Problemlösungen.
Lernziele	– Spontanität entwickeln; – Eigene Einfälle zum Thema einer Fragestellung entdecken und eigenen Einfällen Raum zur Äußerung geben; – Vielfalt von Ideen und / oder Lösungsansätzen finden und wahrnehmen – assoziatives Denken unterstützen; – Struktur des Unterrichtsgegenstandes finden; – Konzentrationsfähigkeit, Selbstbewusstsein, Solidarität und Konsensfähigkeit stärken.

Durchführung	– Hinweise an die Teilnehmer:
	  • Jede Idee wird aufgenommen, sei sie noch so ausgefallen;
	  • Jeder kann sich mehrfach äußern;
	  • Rückfragen, Kritik, Kommentare zu den Äußerungen sind nicht erlaubt;
	  • Teilnehmer sollen langsam, deutlich und laut sprechen;
	  • Kurzsätze benutzen.
	– 1 bis 2 Protokollanten bestimmen: diese schreiben jede Idee mit (z. B. auf Folie, an der Tafel, auf Papierstreifen);
	– Thema, Problem oder Fragestellung klar formulieren und visualisieren, damit die Teilnehmer sich immer wieder an die eigentliche Aufgabenstellung erinnern können;
	– Nach den vorbereitenden Aufgaben wird die eigentliche Ideen-Sammlung durchgeführt;
	– Nun schließt sich die Strukturierungsphase an. Hierbei werden die nicht kommentierten Äußerungen durch die Gruppe geordnet und ggf. bewertet.

Zeit	10 bis 15 Minuten
Teilnehmer	Kleingruppe bis Klassenstärke
Materialien	– Visualisierte Impulsfrage; – Wahlweise Wandtafel und Kreide, Flipchart und Stifte, Moderationswand/Metaplantafel mit Stiften und Papierstreifen, OH-Projektor mit Folie und Stift.
Erfahrungen / Mögliche Stolpersteine	– Die Protokollanten können sich beim Notieren überfordert fühlen, wenn der Gedankensturm bei vielen Teilnehmern losgeht → mehrere Protokollanten bestimmen; – Schnelle, sprechgewandte Teilnehmer sind im Vorteil, die ruhigen Teilnehmer können hierbei ins Hintertreffen kommen; – Bei der Strukturierung kann es einigen Teilnehmern Schwierigkeiten machen, sich der Gruppenmeinung unterzuordnen.
Integration	– Strukturierung der „Geistesblitze" → dies erfordert von den Leitern einen hohen Grad an Flexibilität, von den Teilnehmern eine hohe Konzentrationsfähigkeit und auch Konsensfähigkeit. – Meinungsverschiedenheiten werden diskutiert.
Persönliche Notizen	

Brainwalking

Einsatzmöglichkeiten	– Zum Einstieg in ein Thema; – Zum Sammeln von Einstellungen, Wissen, Argumenten, offenen Fragen, Emotionen zu einem Thema.
Lernziele	– Eigene Einfälle zu einem Thema/einer Fragestellung entdecken und formulieren; – Vielfalt von Ideen und/oder Lösungsansätzen finden und wahrnehmen – assoziatives Denken unterstützen; – In Gemeinschaft ruhig arbeiten.

Durchführung	– Packpapier falten (4 x halbieren, damit 15 Hilfslinien entstehen);
	– Fragestellungen/Themen auf den so vorbereiteten Moderationswänden visualisieren (Anzahl der Wände richtet sich nach der Zahl der Teilnehmer: bei 20 Teilnehmern etwa 4 Wände mit 4 unterschiedlichen Fragestellungen);
	– Methode erklären;
	– Thema anmoderieren (einführen → Ziel klar machen):
	  • Teilnehmer bewegen sich frei im Raum;
	  • Teilnehmer haben schwarze Stifte in der Hand;
	  • Teilnehmer lesen die Fragestellungen/Themen an den Wänden und ergänzen sie durch eigene Beiträge;
	  • Es wird nicht gesprochen.

Zeit	Ca. 10 Minuten
Teilnehmer	Kleingruppe bis Klassengröße
Materialien	– Vorbereitete Moderationsplakate als Zuruffrage gefaltet; – Entsprechende Anzahl an Moderationswänden; – Schwarze Stifte: Anzahl entsprechend der Teilnehmer bzw. alternativ einen Stift fix pro Wand befestigen; – Evtl. leise, besinnliche Hintergrundmusik.

Erfahrungen / Mögliche Stolpersteine	– Teilnehmer schreiben schlecht lesbar → auf lesbare Schrift hinweisen; – Es sind zu wenige Moderationswände vorbereitet; Teilnehmer stehen vor den Wänden Schlange; – Fragestellungen sind so formuliert, dass nicht alle Teilnehmer Antworten finden.
Integration	Die Themen dienen als Voraussetzung für eine weitere vertiefende Arbeitseinheit zum Thema, z. B. in einem Rundgespräch oder für die Weiterarbeit in Gruppen.
Persönliche Notizen	

Brainwriting

Einsatzmöglichkeiten	– Zum Sammeln von Ideen; – Zum Wiederholen von Stoff; – Zur Findung von alternativen Problemlösungen.
Lernziele	– Spontanität entwickeln; – Assoziative Kräfte freisetzen; – Vielfalt von Ideen/Lösungsansätzen finden und wahrnehmen; – Konzentration auf eine Fragestellung fördern; – Struktur des Lerngegenstandes aufspüren (ohne Vorwissen, nach gelerntem Stoff); – Förderung der Teamarbeit; – In Gemeinschaft ruhig arbeiten.

Durchführung	– Teilnehmer in 6er-Gruppen aufteilen und Methode erklären:
	– Jedes Mitglied erhält ein Blatt mit der Fragestellung und 18 leeren Feldern (siehe Arbeitsblatt);
	– Jedes Mitglied der Kleingruppe trägt in das erste Feld den Namen ein und füllt für sich die Felder 2 bis 4 mit Ideen aus; Zeitaufwand ca. 1 Minute;
	– Nach Fertigstellung wird das Blatt an das linke Gruppenmitglied weitergegeben;
	– Die Ideen des neuen Blattes werden gelesen; hierdurch werden neue Ideen assoziiert und darunter geschrieben; Zeitaufwand ca. 2 Minuten;
	– Wieder wird das Blatt nach links weitergereicht; Dieser Vorgang wird wiederholt, bis die Felder auf allen Arbeitsbögen ausgefüllt sind:
	  • In der Kleingruppe werden die 6 Arbeitsbögen ausgewertet, Dubletten werden herausgestrichen;
	  • Die Ideen werden strukturiert, unterschiedliche Formulierungen für gemeinsame Ideen werden zusammengefasst und neu formuliert;
	  • Die Kleingruppen erstellen eine Prioritätenliste;
	  • Ideen für einen „Markt der Möglichkeiten" werden visualisiert.

Zeit	– Für das Sammeln der Ideen ca. 15 Minuten; – Für die Strukturierung und Visualisierung ca. 30 Minuten.
Teilnehmer	Kleingruppe bis Klassenstärke
Materialien	– Arbeitsblätter mit Fragestellung und Raster; – Packpapier, Flipchart, DIN-A3-Papier, Stifte zur Visualisierung.
Erfahrungen / Mögliche Stolpersteine	– Die Teilnehmer können bei der Anforderung nach 18 Ideen lustlos werden, deshalb auf gute Fragestellung (offene Fragen) achten und ggf. Hilfe während der Gruppenarbeitsphase anbieten; – Die Zeit für die Ideensammlung wird überschritten → zur spontanen, nicht reflektierten Ideensammlung ermuntern. Wenn gar nichts mehr geht, kann das Blatt auch nicht vollständig ausgefüllt nach links weitergegeben werden; – Schnelle Teilnehmer langweilen sich unter Umständen → Einüben von sozialen Fähigkeiten ist hier gefordert.
Integration	– Die bewerteten, zusammengefassten und gewichteten Ideen dienen als Voraussetzung für eine weitere vertiefende Arbeitseinheit zum Thema im Rundgespräch oder für eine intensive Überarbeitung/ Weiterarbeit in Kleingruppen. – Je nach Intention kann das Ergebnis (als Lernzielkontrolle) zur Fortführung von Themeneinheiten dienen.
Persönliche Notizen	

Brainwriting (Methode 635)   Beispiel

Thema: Förderung der Selbstständigkeit des Kindes

Für den Erwachsenen trotzt häufig das Kind scheinbar grundlos.
Die Häufigkeit und die Stärke solcher Trotzaktionen hängt von der
Vitalität des Kindes, aber auch von dem Verhalten der Erzieher ab.
Wodurch können die Erzieher das Kind zur Selbstständigkeit erziehen?

Name	1. Idee	2. Idee	3. Idee
Anna	Verantwortung übertragen	Zuhören	Gewähren lassen
Berta	Teilen lassen	Helfen lassen	Kleine Aufgaben erteilen
Cäcilie	Mitverantwortung für ein Haustier	Aufgaben erledigen lassen	Alleine zum Kindergarten lassen
Doris	Auswählen lassen	Selbst anziehen lassen	Oft loben
Elfriede	Kleidung selbst aussuchen dürfen	Meinung respektieren	Selbst entscheiden lassen
Friederike	Fehler machen lassen	Nicht ständig beim Spielen unterbrechen	Blumen gießen lassen

Arbeitsanweisung

1. Sammeln Sie in einer Kleingruppe Ideen und Vorschläge,
   die die Selbstständigkeit des Kindes ermöglichen.   Zeit: 10 Minuten

2. – Vergleichen Sie die Ideen aller Listen in Ihrer Gruppe;
   – Streichen Sie alle Dubletten heraus;
   – Diskutieren Sie die Inhalte und gestalten Sie eine kopierfähige Form;
                                                            Zeit: 30 Minuten
   – Zeigen Sie das Ergebnis auf dem Markt der Möglichkeiten;
   – Ergänzen Sie ihre Darstellung durch die Ideen der anderen Gruppen.
                                                            Zeit: 10 Minuten

Einsatz: Zur Erarbeitung von Lerninhalten.

Schulart: Berufliche Schulen, Berufsfachschule für Kinderpflege.

Didaktische Vorgehensweise / Anmerkungen:
- Ziel ist es, durch eigene und fremde Ideen die Frage nach dem Erlernen von Selbstständigkeit beim kleinen Kind zu erörtern, in einer Kleingruppe zu diskutieren und diese im Anschluss als Lernergebnis in Form einer kopierfähigen Vorlage zu präsentieren.
- Methodik siehe Arbeitsauftrag:
Wichtig ist, dass die Arbeitsaufträge sorgfältig formuliert sind und schriftlich an die Lernenden ausgegeben werden.

Zeit: 45 bis 60 Minuten

Ciao	
Einsatzmöglichkeiten	– Am Ende eines Unterrichtstags, eines Workshops, einer Fortbildungsveranstaltung; – Am Ende eines Projektes; – Am Ende eines Schul(-halb)jahres.
Lernziele	– Einstimmung auf die Zeit danach; – Erleichtern des Loslösens nach gemeinsamer Arbeit.
Durchführung	– Teilnehmer bewegen sich frei im Raum; – Teilnehmer bewegen sich auf einen Partner zu und formulieren eine vorher vereinbarte Frage, z. B. „Was hat Ihnen besonders gut gefallen?".
Zeit	Ca. 5 bis 10 Minuten, je nach Anzahl der Teilnehmer
Teilnehmer	Kleingruppe bis Großgruppe
Materialien	Keine
Erfahrungen / Mögliche Stolpersteine	– Unterrichtseinheit, Projekt, Fortbildung war wenig erfolgreich; Teilnehmer äußern überwiegend negative Aspekte Teilnehmer gehen frustriert nach Hause.
Integration	– „Ciao" bietet einen Abschluss einer vorangegangenen Einheit.
Persönliche Notizen	

Domino	
	– Zum Wiederholen von Lerninhalten; – Als Lernzielkontrolle; – Zum Erfassen von Vorwissen.
Lernziele	– Bereits vorhandene Fachkompetenz wahrnehmen; – Sich aktiv austauschen; – Teamfähigkeit erweitern; – Selbstwertgefühl erhöhen; – Kombinationsfähigkeit und Ausdrucksfähigkeit fördern.
Durchführung	Methode erklären; – Großgruppe in Kleingruppen unterteilen; – Jeweils ein „Dominospiel" pro Kleingruppe ausgeben; – Die Teilnehmer sitzen um einen Tisch; – In der Mitte des Tisches liegen verdeckt die „Dominosteine" (Schrift/Symbol nach unten); – Jeder Teilnehmer erhält je nach Anzahl der Mitspieler 4–8 „Steine" umgekehrt aus der Mitte zugeteilt und legt diese umgekehrt vor sich hin; – Eine Karte aus der Mitte wird aufgedeckt und stellt den Beginn dar; – Ein Teilnehmer beginnt, indem er eine seiner Karten, die „passt", anlegt und dieses auch begründet; – Der nächste Teilnehmer legt nun an einem der beiden Enden eine weitere Karte an, begründet dies, ... – Hat ein Spieler keine passende Karte, nimmt er verdeckt eine aus der Mitte und legt diese – sofern sie passt – an; hat er weiterhin keine passende Karte, folgt der nächste Spieler; – Die erste Runde des Spiels endet, wenn der erste Spieler keine Karte mehr hat; – Das Spiel endet nach Ablauf der vorgegebenen Zeit.
Zeit	Ca. 15 Minuten
Teilnehmer	3 bis max. 6 Personen

Materialien	– Vorbereitete Dominospielsätze (1 Spielsatz pro Kleingruppe); – Spielstationen: Tische mit Stühlen für die Kleingruppen.
Erfahrungen / Mögliche Stolpersteine	– Diskussion über die Gruppeneinteilung für Transparenz sorgen; – Zu große Gruppengröße; – Inhalte des Lerngebietes noch zu unbekannt für Vorstruktur sorgen.
Integration	– Je nach Einsatz zur Weiterarbeit mit z. B. unbekannten/übrig gebliebenen Begriffen; – zum Abschluss einer Lerneinheit.
Persönliche Notizen	

Domino

Beispiel

	ambivalent	unent-schlossen	anvisieren	anstreben	attackieren
angreifen	Ästhetik	Wissen-schaft vom Schönen	Courage	Mut	Delikt
Vergehen	Emigrant	Aus-wanderer	Faktor	Wichtiger Umstand	Flexibiltät
sich ständig neuen Situationen anpassen	Fluktuation	Schwan-kung, Wechsel	Innovation	Erneuerung	Jargon
umgangs-sprachliche Ausdrucks-weise	Koalition	Bündnis, z. B. aus Parteien	Konzeption	Über-legung, Planung	Kooperation
Zusammen-arbeit	manierlich	gesittet, wohl-erzogen	mani-pulieren	Menschen bewusst beein-flussen	Referenz
Auskunft über eine Person	progressiv	fort-schrittlich	Sphäre	Bereich	Symptom
Anzeichen	nonchalant	unge-zwungen, lässig	Ortho-graphie	Recht-schreibung	

Einpunktfrage

Einsatzmöglichkeiten	– Zum Einstieg in ein Thema; – Für grobe Schätzungen, Prognosen, Meinungsbilder; – Zur Einführung in das Problem als Diskussionsauslöser; – Geeignet für Warming-up-Phase.
Lernziele	**Für den Einzelnen:** – Aktivierung, um höhere Beteiligung zu stimulieren; – Eigene Position kann sofort im geschützten Raum (anonym) deutlich gemacht werden. **Für die Gruppe:** – Tendenzen, Konflikte werden schnell sichtbar; – Die Interpretation des Punktebildes ist ein erstes Ergebnis der Gruppe.

Durchführung	1. Entscheidung treffen, ob eine strukturierte, gleitende oder dreidimensionale Skala gewählt wird → Skala vorbereiten;
	2. Fragestellung für die Einpunktfrage an der Moderationswand (Metaplantafel mit Packpapier bespannt) visualisieren;
	3. Thema anmoderieren (einführen z. B. mit einem Titelplakat, einer Szene → Ziel klar machen);
	4. Regeln erklären:
	  • Jeder Teilnehmer erhält einen Punkt;
	  • Teilnehmer fällen selbstständig ihre Entscheidung am Platz;
	  • Teilnehmer kommen gemeinsam nach vorne und setzen ihren Punkt.
	Vorgehensweise des Moderators:
	– Die Frage im Wortlaut vorlesen, Inhalt gründlich erläutern und begründen;
	– Das Antwortschema erläutern; ein Beispiel für die Beantwortung geben;
	– Die Gruppe fragen, ob das Antwortschema verstanden wurde;
	– Die Gruppe zum gemeinsamen Punkten auffordern;

	– Punkte auszählen und mit dickem schwarzen Stift notieren; – Auf Häufungen und Streuungen hinweisen; – Keine Wertung durch den Moderator; – Das Plenum / die Teilnehmer um eine Interpretation des Punktebildes bitten; – Alle Kommentare und Zurufe direkt auf das Moderationspapier schreiben; – Bei gegensätzlichen Meinungen „blitzen" und Gegenmeinung visualisieren.
Zeit	10 bis 15 Minuten
Teilnehmer	Kleingruppe bis Klassenstärke
Materialien	– Eine Moderationswand; – Visualisierte Einpunktfrage z. B. auf einer Wolke; – Rote selbstklebende Punkte; – Schwarze Stifte zum Visualisieren der Beiträge.
Erfahrungen / Mögliche Stolpersteine	– Die Entscheidung ist für manche Teilnehmer schwierig. Hier kann der Hinweis, dass dies eine momentane Entscheidung ist und keine feste für alle Zeit, hilfreich sein; – Kurzfristig ziemlich laut und diffus; – Die Entscheidung den Teilnehmern überlassen, nicht eingreifen; – Die Teilnehmer diskutieren hier schon zu sehr inhaltlich → auf weitere Vorgehensweise hinweisen; – Der Moderator wertet das Punktebild → einzelne Teilnehmer fühlen sich demaskiert.
Integration	– Die Einpunktfrage ist vielfältig integrierbar; häufig folgt im Anschluss eine Kartenfrage. Sie kann aber auch alle anderen Ideensammlungsmethoden (Kreativmethoden) einleiten. – Wichtig ist, dass die Methode nicht zum Selbstzweck losgelöst vom Kommenden steht.
Persönliche Notizen	

Einpunktfrage – mögliche grafische Darstellung

Beispiel

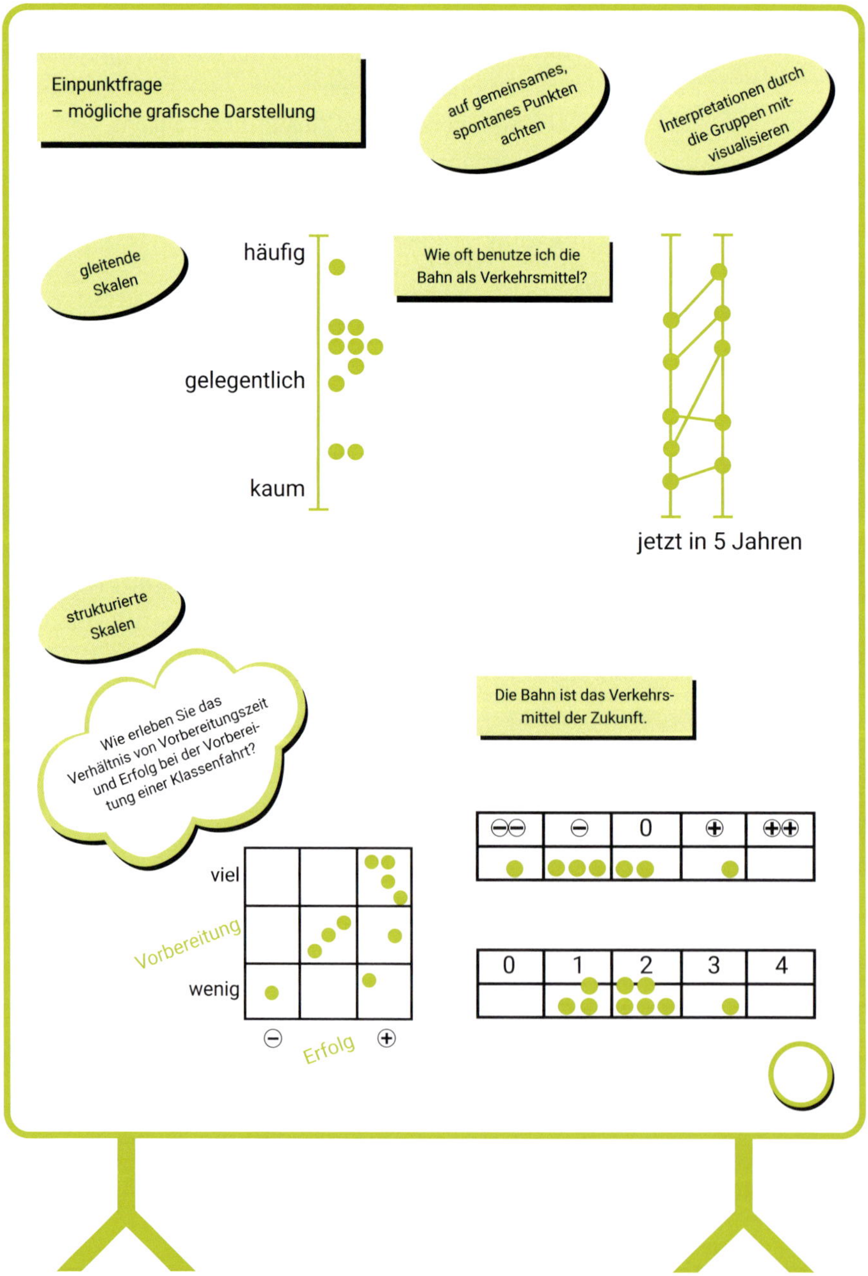

Einpunktfrage
– mögliche grafische Darstellung

auf gemeinsames,
spontanes Punkten
achten

Interpretationen durch
die Gruppen mit-
visualisieren

gleitende
Skalen

häufig

Wie oft benutze ich die
Bahn als Verkehrsmittel?

gelegentlich

kaum

jetzt in 5 Jahren

strukturierte
Skalen

Wie erleben Sie das
Verhältnis von Vorbereitungszeit
und Erfolg bei der Vorbereitung einer Klassenfahrt?

Die Bahn ist das Verkehrsmittel der Zukunft.

viel

Vorbereitung

wenig

⊖ Erfolg ⊕

⊖⊖	⊖	0	⊕	⊕⊕

0	1	2	3	4

Einpunktfrage – mögliche grafische Darstellung   **Beispiel**

Wie erleben Sie das Verhältnis von Ergebnisqualität und Arbeitsklima in Konferenzen und Besprechungen?

– *Bin überrascht über das Ergebnis.*
– *Habe dieses Ergebnis in unserem Kollegium so erwartet, da immer konstruktiv gearbeitet wird.*
– *Es ist schwierig, die Qualität von Konferenzen insgesamt zu beurteilen.*

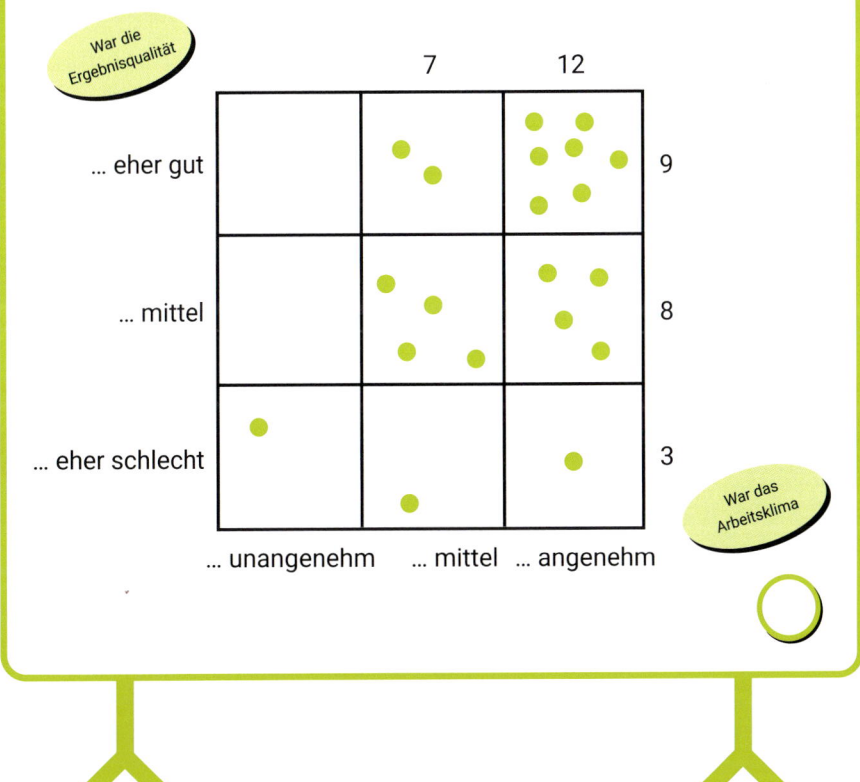

Expertenbefragung

Einsatzmöglichkeiten	– Überall dort, wo weiteres „Expertenwissen" gefragt ist; – Insbesondere in beruflichen Schulen, wenn das Fachwissen des dualen Partners vor Ort gefragt ist.
Lernziele	– Selbstständig Informationen bei Experten (Behörden, politischen Institutionen, Verbänden, Wirtschaftsunternehmen, …) einholen; – Eigenständig Fragen zur Expertenbefragung entwickeln; – Selbstbewusstsein stärken; – Teamgedanken unterstützen; – Persönliches Auftreten gegenüber Partnern stärken.
Durchführung	– Gründliche Einführung in das Thema, damit bei der Befragung auch Nachfragen oder Hintergrundfragen möglich sind; – Gemeinsame Auswahl der Institution, die befragt werden soll; – Festlegung, ob der Experte in die Schule / den Workshop geholt werden soll oder ob er vor Ort besucht wird; – Gründliche Vorbereitung der Fragen mit der ganzen Lerngruppe (Einzel-, Partner- oder Kleingruppenarbeit); – Ordnen der Fragen nach logischen, zielorientierten Abläufen; – Auswahl der Kleingruppe, die den Expertenbesuch durchführt; – Festlegen der Personen, die Fragen stellen, der Personen, die darauf achten, dass alle Fragen gestellt werden (Diskussionsleiter), und der Protokollanten; – Kontaktaufnahme mit dem Experten unter Angabe des Themas, der Lerngruppe, des Ortes und des Terminwunsches; – Durchführung der Expertenbefragung z. B. unter Zuhilfenahme einer Videokamera, eines Aufnahmegerätes, eines Fotoapparates,…

	– Auswertung der Expertenbefragung:
	  • Präsentation der Ergebnisse durch die Befrager vor der gesamten Lerngruppe;
	  • Diskussion z. B. in einem Rundgespräch;
	  • Auswertung der Ergebnisse.

Zeit	– Für die Vorbereitung des Expertengespräches je nach Umfang des Gebietes und dem Stand der Lerngruppe 90 Minuten und mehr; – Für die Durchführung je nach Anreiseweg ca. 45 Minuten; Anreise / Abreisezeit berücksichtigen; – Für die Präsentationen und die Auswertung 45 Minuten oder mehr.
Teilnehmer	Kleingruppe bis Klassenstärke
Materialien	**Für die Vorbereitung:** – Liste mit in Frage kommenden Experten, Fachliteratur, evtl. Internet-Zugang, PC. **Für die Expertenbefragung:** – Sorgfältig formulierter Fragebogen; – Schreibgeräte oder Laptop; – Evtl. technische Geräte zur Aufzeichnung der Befragung (Kassettenrekorder, CD, Foto).
Erfahrungen / Mögliche Stolpersteine	– Unerfahrenheit der Teilnehmer hinsichtlich Auftreten, Verhalten, Kleidung, … → Lerngruppe gut vorbereiten; – Fragenkatalog ist nicht sorgfältig ausgearbeitet; – Nicht alle Teilnehmer fühlen sich in Expertenbefragung integriert → auf die Bedürfnisse der Teilnehmer so weit wie möglich eingehen; – Ausgewählter Experte erfüllt die Erwartungen nicht; – Ergebnisse werden nicht ausreichend protokolliert und können der gesamten Lerngruppe nicht optimal vermittelt werden.
Integration	– Eine Expertenbefragung umfasst mit Vorbereitung und Nachbereitung eine gesamte Lerneinheit; – Die Expertenbefragung kann durch eine Betriebsbesichtigung oder eine Erkundung in dem Gebiet des Experten ergänzt werden.

Fach-Wort-Schatz	
Einsatzmöglichkeiten	– Zur Sammlung von vorhandenem Wissen; – Zur Lernzielkontrolle; – Zum Einstieg in ein Thema.
Lernziele	– Assoziative Kräfte freisetzen; – Bereits vorhandene Sachkompetenz wahrnehmen.
Durchführung	– Methode erklären; – Themengebiet wählen und Teilaspekte zum Themengebiet festlegen; – Überschriften zu bestimmten Sachgebieten festlegen und in vorhandenes Raster eintragen lassen; – Der Lehrer / Lehrgangsleiter sagt laut und deutlich den Anfangsbuchstaben des Alphabetes und fährt in Gedanken (stumm) damit fort: „B", „C", „D", ...; – Ein zuvor festgelegtes Mitglied der Gruppe sagt zu einem beliebigen Zeitpunkt „Stopp"; der Lehrer äußert nun den Buchstaben laut, bei dem er gedanklich stehen geblieben ist; – Alle Gruppenmitglieder versuchen nun anhand des vorgegebenen Buchstabens möglichst schnell viele Begriffe, passend zu den festgelegten Sachgebieten, in das Raster einzutragen (als Einzel- oder Partnerarbeit); – Ist der erste Teilnehmer fertig, sagt er deutlich „Halt". Die Ergebnisse werden mit der Gruppe auf ihre Richtigkeit überprüft; – Es folgen weitere Runden.
Zeit	10 bis 15 Minuten
Teilnehmer	Kleingruppe bis Klassenstärke
Materialien	– Evtl. vorbereitete Raster; – Stifte.
Erfahrungen / Mögliche Stolpersteine	– Häufig kann die Motivation der Teilnehmer durch eine Prämie gesteigert werden; – Die Teilnehmer werden lustlos → Zeit vorab begrenzen; – Schnelldenkende Teilnehmer sind im Vorteil; die langsameren können hierbei ins Hintertreffen geraten.

Integration	– Die gesammelten Begriffe zu einer Thematik werden im Anschluss z. B. in Gruppen vertiefend bearbeitet; – Je nach Intention können die gesammelten Begriffe als Lernzielkontrolle dienen.
Persönliche Notizen	

Fach-Wort-Schatz				Beispiel
Thema: Ernährungslehre				
Obstsorte	**Gebäckart**	**Getränk**	**Gemüse**	**Fleisch- / Wurstware**
Kirsche	Kuchen	Kaffee	Karotte	Kalbfleisch
Zwetschke	Zwieback	Zitronentee	Zucchini	Zungenwurst
Birne	Butterkuchen	Bluna	Blumenkohl	Blutwurst

Einsatz: Als Lernzielkontrolle;
                    Zum Einstieg zum Sammeln von sprachlichem Vorwissen
                    der Gruppe.

Schulart: Berufliche Schulen, Berufsvorbereitungsjahr (BVJ).

Didaktische Vorgehensweise / Anmerkungen:
- Die Schüler bekommen den Hinweis, dass es sich um ein „Lernspiel" handelt, dem das bekannte Spiel „Stadt, Land, Fluss" zu Grunde liegt.
- Wird der Fach-Wort-Schatz als Lernzielkontrolle eingesetzt, so kann im Anschluss in Gruppen z. B. ein Memospiel angefertigt werden und immer wieder als Lernzielkontrolle verwendet werden.

Fallstudie

Einsatzmöglichkeiten	– Erarbeitung neuer Lerninhalte; – Vertiefung eines Lerngebiets; – Behandlung von Entscheidungsfällen aus der betrieblichen Praxis; – Gezielte Berufsvorbereitung (Schüler führen für die Fallbearbeitung Tätigkeiten durch, die für die betriebliche Praxis relevant sind.)
Lernziele	– Förderung von Schlüsselqualifikationen; – Förderung von selbstständigem und handlungsorientiertem Lernen nach dem „Modell der vollständigen Handlung" (informieren → planen → entscheiden → ausführen → kontrollieren → bewerten → informieren →...); – Entwicklung von vielschichtigen, wirtschaftlichen, politischen oder gesellschaftlichen Lösungsstrategien; – Stärkung der Entscheidungsbereitschaft und Entscheidungsfähigkeit; – Förderung der Flexibilität; – Theorieunterstütztes praktisches Arbeiten.
Durchführung	**Fallstudien enthalten** – die Fallbeschreibung sowie notwendige Basisinformationen wie z. B.: Zeitungsartikel, Auszüge aus Zeitschriften, Rechnungen, Briefe, Gesetzestexte,... – Lern- und Arbeitshilfen in Form von Leitfragen und / oder Arbeitsanweisungen; – zusätzliche Materialien wie z. B.: Karikaturen, Szenarien für Rollenspiele, Tabellen, Schaubilder. Die Klasse wird in arbeitsfähige Gruppen aufgeteilt. Diese Gruppen durchlaufen sechs Phasen: 1. Einstiegs- oder Problemkonfrontationsphase (Konfrontation mit dem Fall): Erfassen der Problem- und Entscheidungssituation (Situationsanalyse); 2. Informations- oder Sammlungsphase (Information über das bereitgestellte Fallmaterial): Ordnen, Analysieren und Auswerten der vorhandenen Informationen und ggf. weitere Beschaffung von Informationen, neue Informationen;

	3. Entscheidungsvorbereitungsphase (Exploration): Diskutieren von alternativen Lösungsmöglichkeiten und Erarbeitung möglicher Lösungen. Es sollen möglichst viele Lösungswege und Lösungsvarianten gefunden werden, um eine optimale Auswahl und somit eine optimale Lösung des Problems zu finden; 4. Entscheidungsphase (Resolution): Vergleichen und Bewerten der Lösungsmöglichkeiten; Treffen der Entscheidung in Gruppen mit schriftlichen Begründungen; 5. Phase der Entscheidungsverteidigung (Disputation): Die einzelnen Gruppen stellen ihre Entscheidungspläne dem Rest der Klasse vor; dabei soll deutlich werden, ob die Überlegungen schlüssig sind oder nicht; 6. Phase des Vergleichs (Kollation): Vergleichen der einzelnen Gruppenlösungen mit einer Musterlösung oder mit einer Entscheidung aus der betrieblichen Praxis. Evtl. vorhandene Abweichungen werden diskutiert und analysiert. Im Anschluss erfolgt eine Reflexion und ggf. ein Transfer.
Zeit	Je nach Umfang der Aufgabenstellung zwei bis vier Stunden
Teilnehmer	Klassenstärke (in Gruppen aufgeteilt)
Materialien	– Fallschilderung mit Basisinformationen – Lern- und Arbeitshilfen – Papier, Stifte, Folien, evtl. Moderationswände etc. für Präsentationen
Erfahrungen / Mögliche Stolpersteine	– Zielorientiertes, selbstständiges Arbeiten der Schüler in Kleingruppen ist Voraussetzung für die Bearbeitung einer Fallstudie – muss vorher anhand kleinerer Gruppenarbeiten geübt werden; – Eine gute Fallstudie zu schreiben ist schwierig. Fälle, die zu abstrakt formuliert sind, werden von den Lernenden nicht angenommen bzw. als Zumutung empfunden. Das bedeutet: Die Fallschilderung sollte so gestaltet sein, dass sie wirklichkeitsnah und überschaubar ist, ein Problem bzw. einen Konflikt und eine Entscheidungssituation (Erarbeitung von Lösungsvarianten) enthält. Der Fall sollte die Schüler herausfordern, sich damit zu identifizieren.

	– Zeitvorgaben müssen u.U. verlängert werden – Zeitwächter bestimmen; – Zeit für Vorbereitung und Präsentation einplanen.
Integration	– Die Ergebnisse der Teilgruppen dienen als Grundlage zur weiteren Bearbeitung und Vertiefung des Themas; – Diskussion der Gruppenergebnisse im Klassenverband bringt weiteren Wissenszuwachs; – Reflexion der Zusammenarbeit in den Gruppen.
Persönliche Notizen	

Figuren formen

Einsatzmöglichkeiten	– Wenn die Teilnehmer müde sind und die Konzentration nachlässt; – Um das Mittagsloch zu überwinden; – Nach anstrengenden Phasen zur Wiederherstellung der Arbeits- und Konzentrationsfähigkeit.
Lernziele	– Vertrauensbildung in der Gruppe fördern; – Durch körperliche Aktivierung Freude haben, lachen können; – Kreislaufsystem und Atmung anregen, um Konzentrationsfähigkeit zu fördern; – Vertrauen gegenüber einem Anleiter aufbringen.

Durchführung	– Methode erklären;
	– Thema der zu formenden Skulptur festlegen;
	– ein oder mehrere Skulpteure (Bildhauer) bestimmen oder wählen lassen;
	– Die übrigen Teilnehmer gruppieren sich in einem festgelegten Teil des Raumes und bilden den „Material-Pool";
	– Die Skulpteure beginnen mit ihrer Arbeit und gruppieren/formieren die Teilnehmer nach dem vorgegebenen Thema; dabei können vom Skulpteur auch Körperhaltungen vorgegeben werden;
	– Nachdem das Denkmal/die Denkmale fertig gestellt sind, können sie:
	  • aufgelöst werden und nach einem kurzen Zeitabstand auf Kommando wieder – dieses Mal ohne Anleitung des Skulpteurs, frei aus dem Gedächtnis der Teilnehmer – zusammengefügt werden;
	  • eine Selbstbewertung durch die Teilnehmer erfahren mit evtl. Vernissage und Preisverleihung;
	  • durch einen fiktiven „Sturm" ins Wackeln geraten – die Füße der Teilnehmer bleiben dabei fest am Boden haften –, die Form verlieren und nach Abflauen des Sturms wieder in die ursprüngliche Form zurückfinden.

Zeit	Ca. 5 bis 10 Minuten
Teilnehmer	Kleingruppe bis Klassengröße
Materialien	Keine bzw. Requisiten
Erfahrungen / Mögliche Stolpersteine	– Das gemeinsame Thema der Figuren, Skulpturen muss allen Teilnehmern klar sein. Es kann vom Leiter vorgegeben oder gemeinsam mit der Gruppe gefunden werden; – Bei größeren Gruppen ist eine Unterteilung in Kleingruppen sinnvoll. Die Skulpteure können hierbei arbeitsgleiche Aufträge ausführen, die dann im Anschluss z. B. auf einer Vernissage verglichen bzw. prämiert werden können; – Vorsicht: Skulpteure und Teilnehmer auf Achtsamkeit im Umgang miteinander hinweisen.
Integration	– Weiterarbeit am Thema mit frischer Energie; – Stärkung des Zusammengehörigkeitsgefühls.
Persönliche Notizen	

Fishbowl	
Einsatzmöglichkeiten	– Zur Vertiefung eines Themas; – Am Ende einer Arbeitseinheit; – Zur Einigung auf eine gemeinsame Vorgehensweise; – Zur Diskussion von unterschiedlichen Gruppenergebnissen.
Lernziele	– Verantwortung für sich selbst und für eine Gruppe übernehmen; – Sich aktiv über Gruppensprecher austauschen; – Zur Gruppenführung befähigen; – Kompromissbereitschaft der Teilnehmer stärken.

Durchführung	– Aufbauen der Sitzordnung:
	  • Es werden ein Innenkreis und ein oder mehrere Außenkreise gebildet;
	  • Im Innenkreis sitzen: Jeweils ein Sprecher der beteiligten Gruppen, ein oder zwei Moderatoren; in der Regel bleiben ein oder zwei (bei Großgruppen auch mehrere) Stühle frei;
	    Im Außenkreis/in den Außenkreisen sitzen die restlichen Teilnehmer.
	– Der Moderator erläutert das Thema und erklärt die Methode;
	– Im Innenkreis diskutieren die Anwesenden die Thematik;
	– Die Teilnehmer der Außenkreise können sich an der Diskussion des Innenkreises beteiligen, indem sie sich auf einen freien Stuhl im Innenkreis setzen;
	– Setzt sich ein Teilnehmer in den Innenkreis, erhält er als nächstes das Wort. Nach der Vertretung seines Standpunktes setzt er sich wieder in einen Außenkreis zurück.

Zeit	Je nach Vorgabe und Gruppengröße: durchschnittlich 15 bis 45 Minuten
Teilnehmer	Kleingruppe bis Großgruppe
Materialien	Keine

Erfahrungen / Mögliche Stolpersteine	– Das Fishbowl kann seine Funktion nur erfüllen, wenn die Regeln eingehalten werden. Langatmige Beiträge müssen unterbunden werden; manchmal müssen die Teilnehmer an die ausgemachten Regeln erinnert werden; – Der Moderator muss darauf achten, dass nur im Innenkreis diskutiert wird.
Integration	Das Fishbowl dient in der Regel als Abschluss einer Themenerarbeitung.
Persönliche Notizen	

Fishbowl   Beispiel

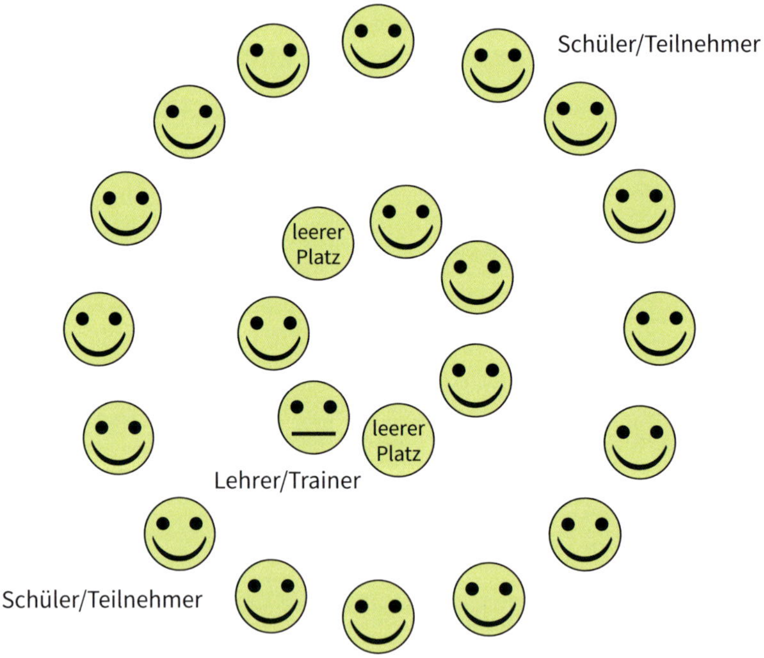

Schüler/Teilnehmer

leerer Platz

leerer Platz

Lehrer/Trainer

Schüler/Teilnehmer

Formationen bilden

Einsatzmöglichkeiten	– Zu Beginn einer gemeinsamen Arbeit; – Um sich schnell Informationen über Können, Vorlieben, Einstellungen, etc. der Gruppenteilnehmer zu verschaffen.
Lernziele	– Schnelle Orientierung in der Gruppe; – Sich in kleinen, ständig veränderten Gruppenzusammensetzungen äußern können; – Sich gemeinsam fröhlich begegnen, lachen können; – Durch Bewegung das Tief im Arbeitsprozess überwinden.

Durchführung	– Der Leiter überlegt sich im Vorfeld Interessenfelder;
	– Die Teilnehmer formieren sich entsprechend der Fragestellung frei im Raum; hierzu müssen sie Kontakt mit den anderen Gruppenmitgliedern aufnehmen;
	– Beispiele für Interessenfelder:
	  • Welches Unterrichtsfach haben Sie am liebsten?
	  • Wie lange gehen Sie schon zur Schule / sind Sie im Schuldienst?
	  • In welchem Sternzeichen wurden Sie geboren?
	  • Was ist Ihre Lieblingsspeise?
	  • In welcher Entfernung wohnen Sie zum Seminarort?
	  • Und so weiter …
	  • Aber auch: Wer will heute Abend in die Stadt gehen?
	  • Wer hat Interesse an der Theateraufführung?
	  • Wer will noch etwas wissen? → Teilnehmer zur Mitarbeit motivieren.

Zeit	Je nach Lust der Teilnehmer zwischen 5 und 10 Minuten
Teilnehmer	Beliebig
Materialien	Keine; **Variante:** Bei Entscheidungsfragen ein Seil, um eine Trennung des Raumes in zwei Teile bildlich zu unterstützen.

Erfahrungen / Mögliche Stolpersteine	– Es kann sein, dass sich Teilnehmer „verweigern" → akzeptieren: wenn die betreffende Person am Rande steht, stört das in der Regel die anderen Teilnehmer nicht und es gibt jenem die Möglichkeit, wieder in die Gruppe zurückzufinden.
Integration	Unterstützt während der ganzen Arbeit ein positives Arbeitsklima.
Persönliche Notizen	

Fragerunde

Einsatzmöglichkeiten	– Zur Vertiefung eines Lerngebietes / Teilgebietes; – Zur Erarbeitung neuer Lerninhalte; – Wenn sich ein Lerngebiet in mehrere Lerninhalte aufteilen lässt; – Zur Lernzielkontrolle; – Zum Einstieg in ein Lerngebiet.
Lernziele	– In der Gruppe aktiv neue Wissensbereiche erarbeiten; – Wissen an andere weitergeben können; – Erkennen, dass alle Teilnehmer (auch leistungs-schwächere) einen Beitrag in die Lerngruppe-einbringen können; – Eigene Fragen zu einem Lerngebiet formulieren.
Durchführung	– Thema einführen, Ziel klar herausstellen; – Lerngruppe in Kleingruppen zu etwa 4 bis 6 Personen aufteilen; – Methode erklären: **Variante 1:** • Teilnehmer formulieren jeweils eine Frage zum Thema und notieren diese auf Karten; • Die Fragen werden im Anschluss nacheinander beantwortet, erörtert; • Offene Fragen werden mit ins Plenum genommen und können bei der weiteren Bearbeitung des Stoffes integriert werden. **Variante 2:** • Teilnehmer erstellen zu zweit mit Hilfe von Arbeits-unterlagen (Fachbücher, Fachzeitschriften, Inter-net, ...) ein bis mehrere Fragen zum Thema auf Karten und formulieren jeweils auf der Rückseite der Karten eine Musterlösung; • Die Karten werden im Anschluss gemischt; • Die Mitglieder der Großgruppe sitzen im Kreis; jeweils ein Team zieht eine Karte und versucht diese Frage zu beantworten; • Die so entstandenen Karten (Fragen mit dazu-gehörigen Antworten) können zu einer Lern-datenbank aufgebaut werden.

Zeit	15 bis 45 Minuten, je nach Variante
Teilnehmer	Kleingruppe bis Klassenstärke
Materialien	– Karten (Moderationskarten oder Karteikarten) in einer Farbe; – Stifte; – Evtl. Arbeitsunterlagen bei Variante 2.
Erfahrungen / Mögliche Stolpersteine	– Die Teilnehmer formulieren die Fragen zu eng oder zu weit → anfangs Hilfestellung geben; – Die Teilnehmer verfügen über zu wenig Vorwissen und sind bei Variante 1 nicht in der Lage usreichend Fragen zu formulieren.
Integration	Die offenen Fragen werden anschließend in z. B. einem Rundgespräch vertieft.
Persönliche Notizen	

Fünf Hüte

Einsatzmöglichkeiten	– Zum Erarbeiten von Problemlösungen; – Zur Analyse von Sachverhalten; – Zum Erkennen von verschiedenen Sichtweisen; – Um Gegenpositionen herauszuarbeiten; – Aufzeigen unterschiedlicher Standpunkte und Sichtweisen.
Lernziele	– Verschiedene Aspekte eines Themas erschließen; – Unterschiedliche Positionen einnehmen und dafür Verständnis aufbringen können; – Sensibilisieren für Körpersprache, Mimik, Qualität der Argumente.

Durchführung	– Das Thema muss in sich spannungsreich sein und verschiedene Betrachtungsmöglichkeiten ermöglichen;
	– Thema deutlich ansagen;
	– Methode erläutern und Aufgabe klar stellen;
	Spielregeln:
	1. Fünf Teilnehmer wählen einen von fünf farbigen Hüten und setzen sich diesen auf; jede Hutfarbe steht für eine ganz bestimmte Gesprächsposition:
	   Schwarz: TN sieht schwarz, hat negatives Urteil;
	   Rot: TN ist stark emotional geprägt, hat Ahnungen, Intuitionen, ...;
	   Blau: TN ist Leiter der Diskussion, ist neutral, überwacht die Gesprächsführung;
	   Grün: TN ist optimistisch, offen, zukunftsorientiert;
	   Gelb: TN ist emotional neutral, argumentiert mit Sachzwängen.
	2. Die restlichen Teilnehmer sind Beobachter. Ein Beobachter beachtet Verhalten, Körpersprache und Mimik eines „Hutes".
	3. Eine erste Diskussionsrunde wird durchgeführt.
	4. Nach ca. 5 bis 10 Minuten werden die „Hüte" (die Rollen) gewechselt; es folgen eine bzw. mehrere Diskussionsrunden.

	5. Nach Abschluss der Diskussionsrunden erfolgt ein Gespräch; es haben zunächst die „Hüte" das Wort; es folgen die Beobachter.
Zeit	Je nach Anzahl der Diskussionsrunden 30 bis 45 Minuten
Teilnehmer	7 Personen bis Klassenstärke
Materialien	– Hüte in fünf Farben bzw. Papier um diese herzustellen; – fünf unterstützende Plakate mit den visualisierten Positionen; – Stuhlkreise (Innen-und Außenkreis); – Beobachtungsbogen und Stifte.
Erfahrungen / Mögliche Stolpersteine	– Aufgabe nicht klar und deutlich formuliert; – Leiter achtet nicht streng auf die Spielregeln; – Teilnehmer opponieren gegen die strikte Gesprächs-positionsvorgabe (= Hutfarbe) → Überzeugungsarbeit muss geleistet werden, da der Rollentausch den größten Lernerfolg bringt; – Teilnehmer legen mehr Wert auf die Selbstdarstellung als auf die inhaltlichen Argumente → stufenweise in die Methode einführen, wenn sehr problematischer Punkt erreicht: abbrechen.
Integration	Die Argumente werden ausgewertet und ggf. im Anschluss in einer anderen Arbeitsform vertieft.
Persönliche Notizen	

Gruppenarbeit	
Einsatzmöglichkeiten	– Zur Vertiefung eines Lerngebietes/Teilgebietes; – Zur Erarbeitung neuer Lerninhalte; – Wenn sich ein Lerngebiet in mehrere Lerninhalte aufteilen lässt.
Lernziele	– Aktive Beteiligung an der Erarbeitung eines Inhalts; – Eigene Erfahrungen und Fragen einbringen; – Bereits vorhandene Sachkompetenz wahrnehmen; – Selbstständig Informationen erarbeiten und Problemlösungen entwickeln; – Kooperationsformen entwickeln und üben; – Verantwortung für sich selbst und die Gruppe übernehmen; – Zur Gruppenführung (Gesprächsleiter) befähigen; – Zielorientiertes Denken üben.
Durchführung	1. In der Gesamtgruppe die Aufgabe oder Problemstellung klären. **Das bedeutet für die Vorbereitung:** – Präzise Formulierung der Aufgaben- bzw. Problemstellung; – Eindeutige Festlegung des angestrebten Zieles und ggf. differenzierte Aufgabenstellung in Form von Teilzielen; – Entscheiden, ob Auftrag arbeitsgleich oder arbeitsteilig gestaltet werden soll; – Aufträge schriftlich formulieren; – Klärung der Präsentation der Gruppenergebnisse im Plenum; – Überlegung zur Gruppeneinteilung (heterogene Gruppenmitglieder erhöhen den Synergieeffekt). **Das bedeutet für die Durchführung:** – Gruppeneinteilung bekannt geben; – Genaue Zeitvorgabe für die Arbeitsphasen; – Raumzuweisung für die einzelnen Gruppen, falls dies erforderlich bzw. möglich ist; – Bestimmung eines Gruppenleiters, eines Schriftführers und eines Zeitwächters; – Jede Gruppe erhält einen schriftlichen Arbeitsauftrag mit Zeitangabe.

	2. Selbstständiges Arbeiten in den einzelnen Gruppen: – Zeitplan erstellen; – Einander helfen und beraten; – Intensiv an einer Sache arbeiten; – Gelegentlich Arbeitsstand überprüfen; – Moderator/Leiter hat nur beratende Funktion. 3. Präsentation der einzelnen Gruppenergebnisse; 4. Auswertung der Ergebnisse und Rückmeldung über die Präsentation; 5. Besprechung der Ergebnisse im Plenum: Ergebnissicherung muss gewährleistet sein.
Zeit	– Richtet sich nach der Aufgabenstellung, Zeit für Vorbereitung und Durchführung einplanen.
Teilnehmer	– Bewährte Kleingruppengröße 3 bis 6 Personen
Materialien	– Schriftliche Arbeitsaufträge für die Gruppen; – Papier, Stifte, Moderationswände etc. für Präsentation.
Erfahrungen / Mögliche Stolpersteine	– Diskussion über die Gruppeneinteilung → für Transparenz sorgen; – Kleingruppe demonstriert Lustlosigkeit oder möchte im Plenum diskutieren; – Unklar formulierte Arbeitsaufträge und Zielbeschreibungen; – Wenig motivierende Arbeitsaufträge; – Ungenaue Zeitvorgaben, Zeitwächter wurde nicht bestimmt, individuelle Verlängerung der Arbeitszeit von einzelnen Gruppen; – Die Vorgehensweise wurde nicht klar abgesprochen.
Integration	– Die Ergebnisse der Gruppenarbeit dienen als Grundlage zur weiteren Vertiefung des Themas bzw. zur Bearbeitung von weiterführenden Fragen zum Inhalt; – Arbeitsergebnisse bewerten; – Die Zusammenarbeit überdenken; – Vorsätze für weitere Gruppenaufgaben fassen.

Gruppenpuzzle

Einsatzmöglichkeiten	– Zur Erarbeitung umfangreicher Informationen durch die Teilnehmer; – Wenn sich ein Lerngebiet in mehrere Lerninhalte aufteilen lässt; – Bei großen Gruppen.
Lernziele	– In der Gruppe aktiv neue Wissensbereiche erarbeiten; – Sich aktiv austauschen; – Soziale und kommunikative Kompetenz fördern; – Teamfähigkeit erweitern; – Wissen an andere weitergeben können; – Leistungsbereitschaft erhöhen; – Erkennen, dass alle Teilnehmer (auch leistungsschwächere) einen Beitrag in die Gruppe einbringen können; – Selbstwertgefühl erhöhen.
Durchführung	**Methode vorstellen:** – Gruppenpuzzle-Methode (auch Jigsaw genannt) erläutern; – Eine kurze Einführung in den Lernstoff geben; – Aufteilung der Großgruppe in heterogene Basisgruppen (Zufallsprinzip, z. B. über Karten, Selbstorganisation oder vorgegebene Einteilung). **Phase 1: Basisgruppe (Stammgruppe):** – Jedes Mitglied der Basisgruppe (Stammgruppe) erhält einen Ausschnitt des Gesamtthemas, den er später der Basisgruppe vermitteln soll, oder wählt diesen entsprechend seinen Vorlieben aus; – Bekanntgabe der Zeitstruktur (vgl. Rahmen); – Jedes Mitglied verschafft sich über seinen Arbeitsbereich einen Überblick, markiert Schlüsselbegriffe, notiert die wichtigsten Ideen und offene Fragen. **Phase 2: Expertengruppe:** – Alle Teilnehmer mit dem gleichen Thema treffen sich in den sogenannten Expertengruppen und bereiten sich dort auf die Vermittlung des Lernstoffes

gemeinsam vor; sie diskutieren die Aufgabe, klären die offenen Fragen, verständigen sich auf Kernaussagen;

– Leitfragen bzw. Diskussionsleitfaden mit den zu berücksichtigenden Punkten dienen als Hilfestellung zur Erarbeitung des Stoffes;

– Wahl eines Protokollanten, der für die spätere Vermittlung des Lernstoffes in den Basisgruppen Aufzeichnungen macht, oder die Gruppe erarbeitet gemeinsam ein Stichwortskript für die Basisgruppe → muss am Ende für alle Experten kopiert werden.

Phase 3: Basisgruppe (Stammgruppe):

– Die Experten kehren in ihre Basisgruppe zurück um dort ihr Wissen gegenseitig zu vermitteln;

– Die Lernenden hören zu, nehmen auf, fragen nach und diskutieren die einzelnen Beiträge;

Aufgabe des Moderators / Leiters:

– Während des gesamten Lernens steht die Leitungsperson unterstützend zur Verfügung. Sie klärt Fragen und leistet ggf. Hilfestellung bei Problemen;

– Der Moderator übernimmt in den Gruppen keine Führungsrolle;

– Die Teilnehmer sollen selbstorganisiert und selbstverantwortlich arbeiten.

Zeit	– Für die Einzelarbeit in den Basisgruppen (Phase 1) je nach Aufgabenstellung ca. 10 Minuten; – Für die Expertengruppe (Phase 2) 15 bis 30 Minuten (je nach Umfang und Schwierigkeit); – Für die Basisgruppe (Phase 3) ca. 5 bis 10 Minuten pro Mitglied (abhängig von Aufgabenstellung und Teilnehmern); – Wichtig ist die genaue Zeiteinhaltung in der jeweiligen Phase.
Teilnehmer	– Die Anzahl der Teilthemen bestimmt die Größe der Basisgruppe; – Für die Arbeit in Kleingruppen nicht mehr als 3 bis 6 Teilnehmer vorsehen;

	– Ist eine Expertengruppe zu groß, kann diese geteilt werden; – Geht die Anzahl der Teilnehmer nicht mit den vorbereiteten Aufgabenteilen auf, so kann ein einzelnes Thema auch doppelt in der Basisgruppe vergeben werden (Partnerarbeit für Teilbereiche).
Materialien	– Arbeitsaufträge und Arbeitsmaterialien; – Evtl. Material für die Gruppeneinteilung (Karten, Süßigkeiten, etc.); – U.U. Räume für die Kleingruppenarbeit suchen; – Papier und Stift für die Protokolle; – Evtl. Material für eine anschließende Präsentation.
Erfahrungen / Mögliche Stolpersteine	– Defizite leistungsschwächerer Schüler können nicht ausgeglichen werden, wenn die Methode zum Üben und Anwenden von Fertigkeiten eingesetzt wird; – Unerfahrenheit der Teilnehmer → Gruppenprozess genau beobachten und geeignete Maßnahmen ergreifen um die Weiterarbeit zu unterstützen; – Die Motivation, Wissen ständig weiterzugeben, kann bei häufigem Einsatz verloren gehen → großen Wert auf Integrations- und Bewertungsphase legen; – Das Ergebnis des Gruppenpuzzles ist nicht zufriedenstellend, da einzelne Teilnehmer sich nicht für den Gruppenerfolg verantwortlich fühlen → muss geübt werden; – Unklare Arbeitsaufträge → absichern, dass Teilnehmer die Aufgabe verstanden haben; – Zeitvorgabe nicht eingehalten, nicht richtig geplant → die Zeitvorgaben müssen in der ersten Basisgruppe und der Expertengruppe unbedingt eingehalten werden, da diese Gruppen nicht unabhängig voneinander arbeiten können.
Integration	Integration und Evaluation: – Reflexion über den vermittelten Inhalt und über die Zusammenarbeit der Kleingruppen sowie der Großgruppe;

– Ergebnissicherung für den Einzelnen:
  • Einsatz von Tests;
  • Kurzaufsätze schreiben lassen;
  • Lernende nach Zufallsprinzip ein Teilthema präsentieren lassen.
– Ergebnissicherung für die Kleingruppen (Basis- oder Expertengruppe):
  • Präsentation des Gruppenergebnisses im Plenum;
  • Wandzeitungen;
  • Informationsblätter / Arbeitsblätter;
  • Fertigen von Collagen, Video, etc.

Das Gruppenpuzzle kann eine ganze Arbeitseinheit füllen.

Persönliche Notizen

Gruppenpuzzle — Beispiel

Varianten für das Gruppenpuzzle

3 Texte / 18 Personen

Basisgruppe	♣♦♥	♣♦♥	♣♦♥	♣♦♥	♣♦♥	♣♦♥
Expertengruppe	♣♣♣♣♣♣		♦♦♦♦♦♦		♥♥♥♥♥♥	
Basisgruppe	♣♦♥	♣♦♥	♣♦♥	♣♦♥	♣♦♥	♣♦♥

4 Texte / 12 Personen

Basisgruppe	♣♦♥♠		♣♦♥♠		♣♦♥♠	
Expertengruppe	♣♣♣	♦♦♦	♥♥♥	♠♠♠		
Basisgruppe	♣♦♥♠		♣♦♥♠		♣♦♥♠	

4 Texte / 16 Personen

Basisgruppe	♣♦♥♠	♣♦♥♠	♣♦♥♠	♣♦♥♠
Expertengruppe	♣♣♣♣	♦♦♦♦	♥♥♥♥	♠♠♠♠
Basisgruppe	♣♦♥♠	♣♦♥♠	♣♦♥♠	♣♦♥♠

4 Texte / 24 Personen

Basisgruppe	♣♦♥♠	♣♦♥♠	♣♦♥♠	♣♦♥♠	♣♦♥♠	♣♦♥♠
Expertengruppe	♣♣♣♣♣♣		♦♦♦♦♦♦		♥♥♥♥♥♥	
Basisgruppe	♣♦♥♠	♣♦♥♠	♣♦♥♠	♣♦♥♠	♣♦♥♠	♣♦♥♠

5 Texte / 15 Personen

Basisgruppe	♣♦♥♠●		♣♦♥♠●		♣♦♥♠●	
Expertengruppe	♣♣♣	♦♦♦	♥♥♥	♠♠♠	●●●	
Basisgruppe	♣♦♥♠●		♣♦♥♠●		♣♦♥♠●	

Gruppenpuzzle   Beispiel

Varianten für das Gruppenpuzzle

---

5 Texte / 20 Personen

Basisgruppe	♣ ♦ ♥ ♠ •	♣ ♦ ♥ ♠ •	♣ ♦ ♥ ♠ •	♣ ♦ ♥ ♠ •
Expertengruppe	♣ ♣ ♣ ♣	♦ ♦ ♦ ♦	♥ ♥ ♥ ♥	♠ ♠ ♠ ♠	• • • •
Basisgruppe	♣ ♦ ♥ ♠ •	♣ ♦ ♥ ♠ •	♣ ♦ ♥ ♠ •	♣ ♦ ♥ ♠ •

5 Texte / 30 Personen

Basisgruppe	♣ ♦ ♥ ♠ •	♣ ♦ ♥ ♠ •	♣ ♦ ♥ ♠ •	♣ ♦ ♥ ♠ •	♣ ♦ ♥ ♠ •	♣ ♦ ♥ ♠ •
Expertengruppe	♣ ♣ ♣ ♣ ♣ ♣	♦ ♦ ♦ ♦ ♦ ♦	♥ ♥ ♥ ♥ ♥ ♥	♠ ♠ ♠ ♠ ♠ ♠	• • • • • •
Basisgruppe	♣ ♦ ♥ ♠ •	♣ ♦ ♥ ♠ •	♣ ♦ ♥ ♠ •	♣ ♦ ♥ ♠ •	♣ ♦ ♥ ♠ •	♣ ♦ ♥ ♠ •

6 Texte / 24 Personen

Basisgruppe	♣ ♦ ♥ ♠ • ⊗	♣ ♦ ♥ ♠ • ⊗	♣ ♦ ♥ ♠ • ⊗	♣ ♦ ♥ ♠ • ⊗
Expertengruppe	♣ ♣ ♣ ♣	♦ ♦ ♦ ♦	♥ ♥ ♥ ♥	♠ ♠ ♠ ♠	• • • •	⊗ ⊗ ⊗ ⊗
Basisgruppe	♣ ♦ ♥ ♠ • ⊗	♣ ♦ ♥ ♠ • ⊗	♣ ♦ ♥ ♠ • ⊗	♣ ♦ ♥ ♠ • ⊗

6 Texte / 30 Personen

Basisgruppe	♣ ♦ ♥ ♠ • ⊗	♣ ♦ ♥ ♠ • ⊗	♣ ♦ ♥ ♠ • ⊗	♣ ♦ ♥ ♠ • ⊗	♣ ♦ ♥ ♠ • ⊗
Expertengruppe	♣ ♣ ♣ ♣ ♣	♦ ♦ ♦ ♦ ♦	♥ ♥ ♥ ♥ ♥	♠ ♠ ♠ ♠ ♠	• • • • •	⊗ ⊗ ⊗ ⊗ ⊗
Basisgruppe	♣ ♦ ♥ ♠ • ⊗	♣ ♦ ♥ ♠ • ⊗	♣ ♦ ♥ ♠ • ⊗	♣ ♦ ♥ ♠ • ⊗	♣ ♦ ♥ ♠ • ⊗

Merke: Die Anzahl der Texte muss ein Teiler der Gesamtpersonenzahl sein.

Impulsreferat

Einsatzmöglichkeiten	Präsentation von Information
Lernziele	– Informationen (begrenzt und übersichtlich strukturiert) aufnehmen; – Anregungen zum Nachdenken und zum Gespräch gewinnen; – Aktivität zur Erarbeitung von Inhalten entwickeln; – Bereits vorhandene Erkenntnisse einbringen; – Offene Fragen stellen können; – Förderung von Selbstbewusstsein und Ausdrucksfähigkeit.

Durchführung	– Gliederung des Inhalts bzw. des Gesamtthemas in 3 bis 4 Teilbereiche = Referatsabschnitte;
	– Gliederung des Gesamtthemas und die Methode der Gruppe erläutern;
	1. Vortrag des ersten Referatsabschnittes;
	2. Austausch der Teilnehmer:
	  • im gemeinsamen Rundgespräch oder Diskussion oder in Kleingruppen,
	  • eine gezielte Fragestellung oder ein Impuls können den Austausch erleichtern, z. B. „Welche Konsequenzen ergeben sich aus dem bislang Gehörten für die Praxis?" – bei Bedarf Eingehen auf Fragen, die sofort geklärt werden sollen.
	3. Vortrag des nächsten Referatsabschnittes und weiter mit 2., bis alle Referatsabschnitte abgearbeitet sind;
	4. Abschlussrunde bzw. Ergebnissicherung im Plenum.

Zeit	– Pro Referatsabschnitt 5 bis 10 Minuten; – Gesprächsanteile 5 bis 15 Minuten.
Teilnehmer	Kleingruppe bis beliebig
Materialien	Visualisierte Impulsfragen
Erfahrungen / Mögliche Stolpersteine	– Mögliche Gefährdung des Zeitrahmens für das Impulsreferat, wenn auf Fragen sehr detailliert eingegangen wird;

	– Kleingruppe demonstriert Lustlosigkeit oder schweigt sich aus → Problem aufgreifen und u.U. Erleichterung verschaffen (evtl. Störungen beheben); – Weiterentwicklung des Gesprächs in eine nicht beabsichtigte Richtung → häufig nicht vorhersehbar, aber in der Regel nicht dramatisch, da durch den folgenden Referatsteil wieder eine Konzentration auf das Thema stattfinden kann → evtl. hier den Zeitrahmen für die Diskussion kürzen.
Integration	– Das Impulsreferat kann eine ganze Arbeitseinheit ausfüllen; – Vertiefung des Themas durch Gruppenarbeit etc.
Persönliche Notizen	

Intervallmethoden – Aktivierung durch Bewegung

Einsatzmöglichkeiten	– Wenn die Teilnehmer müde sind und die Konzentration nachlässt; – Wenn das Thema hakt, die Teilnehmer frustriert sind → danach können sich die Teilnehmer wieder besser auf die Arbeit einlassen; – Nach anstrengenden Phasen zur Wiederherstellung der Arbeitsfähigkeit; – Um das Mittagsloch zu überwinden; – Zu Beginn von Lerninhalten, um Kreislauf und damit Blutzufuhr für das Gehirn zu aktivieren.
Lernziele	– Durch die körperliche Aktivierung Freude haben, lachen können; – Kreislaufsystem und Atmung anregen, um Konzentrationsfähigkeit zu fördern; – Vertrauensbildung in der Gruppe fördern, durch gemeinsames Tun; – Gemeinsame Möglichkeiten der Erholung kennen lernen.
Durchführung	– Fenster während der Übungen öffnen; – Klare Anweisungen geben; – Für Transparenz des Tuns sorgen; – Es darf kein Zwang ausgeübt werden; Teilnehmer müssen aussteigen können, wenn sie etwas nicht tun können oder wollen.
Zeit	Wenige Minuten → hängt auch von der Verfassung der Teilnehmer ab → auf die einzelnen Gruppenmitglieder während der Übung achten.
Teilnehmer	Kleingruppe bis Klassenstärke
Materialien	Keine bzw. entsprechend der ausgesuchten Aktivierung (Übung)
Erfahrungen / Mögliche Stolpersteine	– Teilweise etwas laut → im Kollegenzimmer zum Thema machen; informierte Kollegen akzeptieren den kurzfristig anschwellenden Geräuschpegel im Nebenzimmer;

	– Ggf. nonverbale Aktivierungen heraussuchen → Lachen muss aber erlaubt sein.
Integration	– Weiterarbeit im Thema mit frischer Energie; – Zusammengehörigkeitsgefühl wird gestärkt, wirkt sich positiv auf das Arbeitsklima in der Gruppe aus.
Persönliche Notizen	

Intervallmethoden – Aktivierung durch Bewegung   Beispiel

Bewegung / Spiele mit dem Ball

Namen kennen lernen	– Alle Teilnehmer stehen im Kreis;
	– Das erste Kreismitglied hat einen Ball in der Hand,
	  nennt seinen Namen und eines seiner Hobbys und
	  gibt den Ball an seinen direkten Nachbarn weiter;
	– Das zweite Gruppenmitglied nennt nun den Namen des
	  Vorgängers, dessen Hobby, seinen Namen, sein Hobby
	  und gibt den Ball an seinen direkten Nachbarn weiter,
	  usw.

Beispiel	1. TN: „Mein Name ist Bettina und ich fahre gerne
	          Fahrrad.“
	2. TN: „Bettina fährt gerne Fahrrad, ich heiße Peter
	          und ich lese gerne.“
	3. TN: „Bettina fährt gerne Fahrrad, Peter liest gerne
	          und ich bin die Anne,
	          ich arbeite gerne in meinem Garten ...“

Zeit	Je nach Gruppengröße ca. 5 bis 10 Minuten
Material	Ball, der weitergegeben wird
Persönliche Notizen	

Intervallmethoden – Aktivierung durch Bewegung	Beispiel	
Klatsch dich fit		

	– Alle Teilnehmer sitzen um einen Tisch und haben die Hände so auf den Tisch gelegt, dass sie sich mit den Händen des Nachbarn links und rechtsüberkreuzen. Ein Teilnehmer beginnt mit einer Hand auf den Tisch zu klopfen. Klopft er einmal, geht es in der gleichen Richtung weiter, klopft er zweimal, ändert sich die Richtung. Derjenige, der falsch klopft, muss den Tisch verlassen. Gewonnen hat, wer übrig bleibt.
Zeit	In Abhängigkeit von der Gruppengröße ca. 5 bis 10 Minuten
Teilnehmer	Kleingruppe bis Klassenstärke
Material	Ein großer Tisch
Erfahrungen / Mögliche Stolpersteine	Sehr dynamisches Spiel, kann zu Unruhe führen; bei größeren Teilnehmerzahlen ist es sinnvoll, wenn der Lehrer erhöht steht.

Intervallmethoden – Aktivierung durch Bewegung   Beispiel

Tante Jo

	– Alle Teilnehmer stehen im Kreis; – Der Leiter beginnt mit den Worten: „Ich habe eine Tante, die heißt Jo und die macht so." Dabei macht er irgendeine Bewegung, die alle Kreismitglieder nachmachen müssen (z. B. Hand auf und zu machen); – Das nächste Kreismitglied ist an der Reihe, wiederholt den Satz und macht eine neue Bewegung (z. B. auf einem Bein hüpfen); wichtig dabei ist, dass alle Teilnehmer die Bewegung der vorherigen Person weiter machen (also in unserem Beispiel: Bewegung der Hand und hüpfen auf einem Bein); – Das nächste Kreismitglied ist an der Reihe, wiederholt den Satz, macht eine weitere Bewegung …
Zeit	Je nach Anzahl der Teilnehmer 5 bis 10 Minuten
Material	Keines

Intervallmethoden – Aktivierung durch Bewegung   Beispiel

Zooeröffnung

	– Alle Teilnehmer ziehen eine vom Moderator vorbereitete Karte mit einer Tierabbildung (Löwe, Vogel, Krokodil, …); – Jeder Teilnehmer stellt sein Tier pantomimisch dar (er darf dabei nicht sprechen); der Rest der Gruppe muss das Tier erraten; – Das Spiel endet, wenn jedes Tier erraten ist.
Zeit	Je nach Anzahl der Teilnehmer
Material	Abbildungen von Tiermotiven oder alternativ visualisierte Tiernamen

Intervallmethoden – Aktivierung durch Bewegung   Beispiel

Buchstaben bilden

	– Zunächst werden Kleingruppen mit jeweils 3 bis 5 Personen gebildet. Anschließend verteilen sich Kleingruppen im Raum; – Der Lehrer gibt nun Buchstaben vor, die von jeder Kleingruppe möglichst schnell und effizient dargestellt werden sollen, ohne dass die Gruppenmitglieder sich unterhalten; – Wenn die Teams eingespielt sind, die Buchstabenbildung also fließend funktioniert, können Teammitglieder ausgetauscht werden und das Spiel beginnt von vorn; – Steigerungsmöglichkeiten: Darstellung von Würfelbildern, Zahlen, Worten oder Produktnamen.
Zeit	In Abhängigkeit von der Gruppengröße ca. 15 bis 30 Minuten
Teilnehmer	Kleingruppe bis Klassenstärke
Material	Keines
Erfahrungen / Mögliche Stolpersteine	Sehr dynamisches Spiel, kann zu Unruhe führen; bei größeren Teilnehmerzahlen ist es sinnvoll, wenn der Lehrer erhöht steht.

Intervallmethoden – Aktivierung durch Bewegung	Beispiel
Entknotungskunst	

Einsatzmöglichkeiten	– Bei nachlassender Konzentration der Teilnehmer; – Zum besseren Kennenlernen.
Lernziele	– Den Umgang miteinander üben; – Gemeinsame Strategien entwickeln; – Sich auf Klassenkollegen einlassen können.
Durchführung	– Alle Teilnehmer stehen oder sitzen in einem Kreis, haben die Augen geschlossen und gehen langsam aufeinander zu. – In der Mitte des Kreises angekommen greift jeder Teilnehmer 2 Hände. Wenn jede Hand eine andere gefunden hat, öffnen die Teilnehmer die Augen und erblicken ein Netz von Händen. – Ziel des Spiels ist es jetzt, dieses Netz zu lösen, ohne die Hände loszulassen. Meist lassen sich 1, 2 oder 3 Kreise bilden.
Zeit	In Abhängigkeit von der Gruppengröße ca. 10 bis 15 Minuten
Teilnehmer	Mindestens 8 Teilnehmer
Materialien	Keine
Erfahrungen / Mögliche Stolpersteine	– Angst vor Nähe; – Angst vor körperlichen Berührungen.
Integration	– Weiterarbeit am Thema mit gestärktem Vertrauen; – Zusammengehörigkeitsgefühl wird gestärkt.

Kaffeehaus

Einsatzmöglichkeiten	– Präsentation der Ergebnisse arbeitsgleicher Gruppenarbeit; – Zum Abschluss einer Lerneinheit/eines Lernfeldes.
Lernziele	– Freies Sprechen üben; – Sachverhalte strukturiert vortragen und diskutieren; – Auf Aussagen anderer Gesprächsteilnehmer so reagieren, dass ein strukturiertes Gesamtbild entsteht.
Durchführung	– In einer Gruppenarbeit fassen die Teilnehmer die wichtigsten Ergebnisse der vorangegangenen Gruppenarbeit stichwortartig zusammen; – In jeder Gruppe wird ein Gruppensprecher bestimmt, der zu diesem Themengebiet im Kaffeehaus mit seinen Kollegen der anderen Gruppen Gedanken austauscht; – An dem Kaffeehaustisch (z. B. dekoriert mit Blumen, Kaffeetassen etc.) unterhalten sich die Sprecher über die wesentlichen Aspekte ihres Themas in einem Fachgespräch (Karten dienen als Spickzettel).

Zeit	– Vorbereitungszeit für die Kaffeehausrunden 5 bis 15 Minuten je nach Komplexität der Themen und Vorbildung der Teilnehmer;
	  • Festlegen der jeweiligen Sprecher;
	  • Festlegen der gewünschten Schwerpunkte;
	  • Festlegen noch offener Fragen, die in der Kaffeehausrunde angesprochen werden sollen;
	– Zur Durchführung der Kaffeehausrunden 5 bis 10 Minuten.

Teilnehmer	Kleingruppe bis Klassenstärke
Materialien	Kaffeehaustische, Stühle, Kaffeetassen (Gläser), evtl. Blumen
Erfahrungen / Mögliche Stolpersteine	Zeit an den Kaffeehaustischen begrenzen.
Integration	– Evtl. Karten mit Argumenten oder offenen Fragen zur weiteren Verarbeitung an Pinnwand pinnen; – Abschluss eines Themas.

Persönliche Notizen

Kaffeehaus

Beispiel

Thema: Härteverfahren im Metallbereich

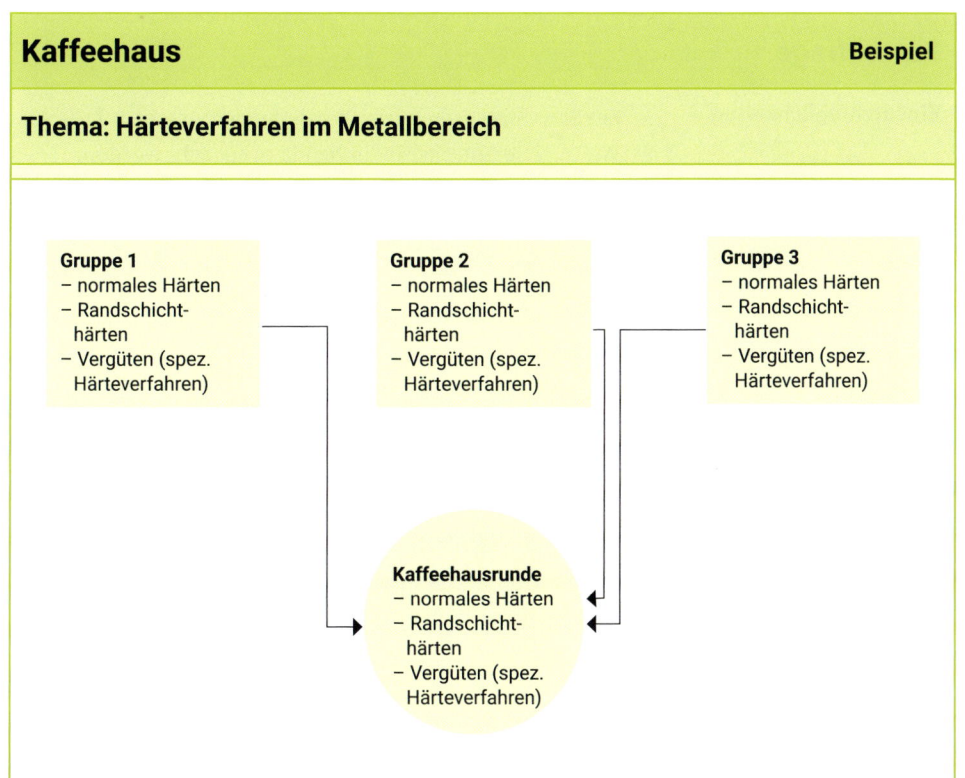

Gruppe 1
– normales Härten
– Randschicht-
  härten
– Vergüten (spez.
  Härteverfahren)

Gruppe 2
– normales Härten
– Randschicht-
  härten
– Vergüten (spez.
  Härteverfahren)

Gruppe 3
– normales Härten
– Randschicht-
  härten
– Vergüten (spez.
  Härteverfahren)

Kaffeehausrunde
– normales Härten
– Randschicht-
  härten
– Vergüten (spez.
  Härteverfahren)

Einsatz: Zum Abschluss einer Unterrichtseinheit / eines Lernfeldes;
Zur Lernzielkontrolle.

Schulart: Berufliche Schulen, z. B.: Berufsschule, Metalltechnik.

Didaktische Vorgehensweise / Anmerkungen:
Siehe Methodenblatt: Durchführung

Zeit: Ca. 45 Minuten

Kartenfrage	
Einsatzmöglichkeiten	– Zur Sammlung von Ideen, Vorstellungen zu einem Thema; – Wenn viele unterschiedliche Ideen gesucht werden.
Lernziele	– Spontanität entwickeln; – Eigene Einfälle zu einem Thema, einer Fragestellung formulieren; – Ideen auf einen Kurzsatz reduzieren; – In Ruhe in der Gruppe über eigene Ideen / Vorstellungen nachdenken; – Demokratische Regeln erfahren; – Vielfältige Lösungsmöglichkeiten / Ideen finden.

Durchführung	– Thema anmoderieren (einführen – Ziel klar machen);
	– Fragestellung für die Ideensammlung an Moderationswand (Metaplantafel) visualisieren, z. B. auf einer Wolke;
	– Karten (Ovale) und Stifte austeilen;
	– Regeln erklären:
	  • pro Idee eine Karte;
	  • dreizeilig schreiben;
	  • Kurzsätze verwenden, keine Stichworte;
	  • deutlich schreiben.
	– Karten in Ruhe schreiben lassen (ca. 3 Karten pro Person bei 20 Teilnehmern; max. 60 Karten anstreben);
	– Wenn die Teilnehmer fertig sind, sammelt der Moderator die Karten ein, mischt diese und liest die einzelnen Karten vor, ohne inhaltliche Erläuterungen oder Hinweise zu geben;
	– Die Gruppe entscheidet, wohin die Karten gehängt werden, es gilt hier die Regel: eher trennen als zusammenlegen, da alle Inhalte letztendlich zu einem Themenkreis gehören;
	– Der Moderator unterstützt die Gruppenmitglieder, er mischt sich aber inhaltlich nicht ein;
	– Sind alle Karten als Cluster untergebracht, fragt der Moderator nach Richtigkeit und Vollständigkeit (Lückenanalyse) der Ideenlandschaft – wenn notwendig, werden weitere Ideen dazugehängt;

	– Treten Einwände gegen die Platzierung einer Idee auf, wird diese Karte mit einem Blitz gekennzeichnet; – Die Sammlung von Ideen ist abgeschlossen und der Moderator macht mit einem Stift die Cluster deutlich (Cluster werden umrandet) und nummeriert diese durch – schwarzer Rahmen, rote Zahl; – Danach klebt er an jede Clusterzahl kleine orange Kreise, worauf die Teilnehmer ihre roten Punkte kleben; – Zum Abschluss setzen die Teilnehmer Prioritäten durch Bepunkten: hierbei werden z. B. bei ca. 20 Teilnehmern und 20 Clustern 5 Punkte vergeben; bei 20 Clustern und 10 Teilnehmern 7 Punkte; bei 20 Teilnehmern und 10 Clustern 3 Punkte; – Punkte zählen und mit einem schwarzen dicken Stift auf die Punkte schreiben; – Die Teilnehmer können ein differenziertes Bild eines Themen- und Problemfeldes wahrnehmen; – Die Teilnehmer haben nun den Blick auf eine Ideenlandschaft mit dem persönlichen Ergebnis und der Prioritätenkennzeichnung durch die Gruppe.
Zeit	– Anmoderation ca. 5 Minuten; – Ideensammlung ca. 5 Minuten; – Clustern ca. 30 Minuten; – Bepunkten ca. 2 Minuten.
Teilnehmer	– Fünf Personen bis beliebig; – Bei großer Teilnehmerzahl evtl. in Partnerarbeit oder Kleingruppen arbeiten lassen.
Materialien	– 3 Moderationswände (Metaplantafeln), mit Packpapier bespannt; – Visualisierte Themenformulierung; – Ovale und Stifte für alle Teilnehmer; – Orange kleine Kreise für die Bepunktung; – Rote Punkte.
Erfahrungen / Mögliche Stolpersteine	– Die Teilnehmer können sich nicht auf einen Zuordnungspunkt für einzelne Karten entscheiden → Karte doppeln;

	– Die Teilnehmer diskutieren inhaltlich statt die Karten zu clustern → Hinweis darauf, dass die Bearbeitung der Inhalte später Platz findet; – Zu viele Karten ermüden beim Clustern → evtl. beim Notieren der Ideen Partnerarbeit oder Kleingruppenarbeit wählen; max. 60 Karten ansteuern; – Der Moderator ist zu nachgiebig, zu wenig zielorientiert und verliert sich selbst in seiner Unentschlossenheit → zügig und konzentriert arbeiten.
Integration	– In Kleingruppen werden nun die einzelnen Problemfelder / Ideenfelder bearbeitet und dann wieder ins Plenum getragen; – Im Rundgespräch werden die Ideenfelder bearbeitet (abhängig von der Fragestellung).
Persönliche Notizen	

Kartenfrage   Beispiel

Wenn ich an Konferenzen und Besprechungen denke, habe ich folgende Ideen, Bemerkungen, Fragen, Wünsche, Anmerkungen, Probleme …

bitte deutlich schreiben

... Karten pro Person

Kurzsatz keine Stichworte

ein Gedanke pro Karte

Wunsch nach mehr Gruppenarbeit

Methodenwechsel

Jedes Thema seine Methode

Medieneinsatz

Mind-Map als Visualisierung

Warum noch immer kein Beamer?

Wer muss sich profilieren?

Selbst-darstellung muss nicht sein

Rede ist oft Selbstzweck

pünktlich beenden

Zahl der Konferenzen zu hoch

mehr Pausen bitte

Zeitlimit einhalten

unterschiedliche Wochentage

Essen und Trinken fehlen

max. 2 Stunden ansetzen

bitte Termine auf den Abend legen

Sitzordnung sollte kommunikativer sein

festen Zeitrahmen vorgeben

1

Kartenfrage   Beispiel

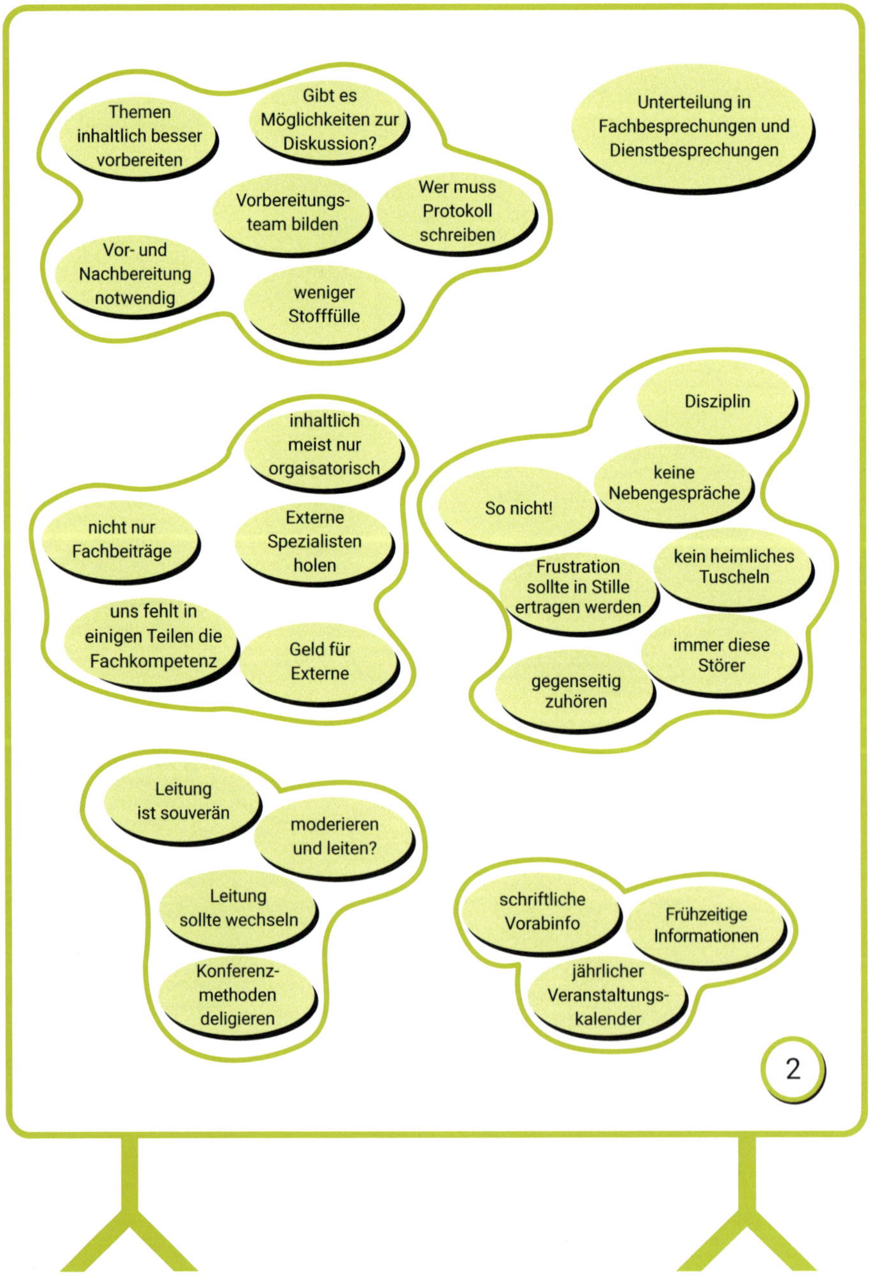

Themen inhaltlich besser vorbereiten

Gibt es Möglichkeiten zur Diskussion?

Unterteilung in Fachbesprechungen und Dienstbesprechungen

Vorbereitungs-team bilden

Wer muss Protokoll schreiben

Vor- und Nachbereitung notwendig

weniger Stofffülle

inhaltlich meist nur orgaisatorisch

Disziplin

keine Nebengespräche

nicht nur Fachbeiträge

Externe Spezialisten holen

So nicht!

kein heimliches Tuscheln

uns fehlt in einigen Teilen die Fachkompetenz

Geld für Externe

Frustration sollte in Stille ertragen werden

immer diese Störer

gegenseitig zuhören

Leitung ist souverän

moderieren und leiten?

Leitung sollte wechseln

schriftliche Vorabinfo

Frühzeitige Informationen

Konferenz-methoden deligieren

jährlicher Veranstaltungs-kalender

2

Kofferpacken

Einsatzmöglichkeiten	– Zum Abschluss eines Themas, einer Lerneinheit
Lernziele	– Offenen Meinungsaustausch üben; – Konzentrationsfähigkeit trainieren; – Selbstbewusstsein und Solidarität der Teilnehmer stärken; – Ein Lerngebiet wiederholen; – Feedback geben.
Durchführung	Methode erklären: – Auf einer Wand wird ein großer Bogen Packpapier mit einem Koffersymbol aufgehängt. – Es wird eine Frage formuliert, die zur Aktion anregt. – Jeder Teilnehmer bekommt einen Stift und wird aufgefordert, zu der formulierten Frage aufzuschreiben, was er in den Koffer packen will. Die Notizen werden von den Teilnehmern am Platz auf Karten geschrieben und an die Wand gehängt. – Um das Packen zu erleichtern, können zusätzliche Leitfragen für alle sichtbar zum Beispiel auf einem Flipchartbogen aufgehängt oder direkt aufs Plakat geschrieben werden.
Zeit	10 bis 45 Minuten je nach Thema
Teilnehmer	ca. 15 Teilnehmer
Materialien	– Vorbereitetes Plakat mit einem Koffer; – Karten, Stifte
Erfahrungen / Mögliche Stolpersteine	– Teilnehmer diskutieren zu lange
Integration	– Nachdem die Teilnehmer ihre Beiträge geleistet haben, betrachtet man gemeinsam das Ergebnis und beginnt dann mit einem Gruppengespräch. In der ersten Phase soll bei der Betrachtung frei assoziiert werden, anschließend können die Teilnehmer bei Unklarheiten nachfragen. – Wird die Methode zum Abschluss einer Veranstaltung durchgeführt, kann das Plakat einen Einstieg in eine neue Runde darstellen.

	– Im Anschluss an die Methode können die eingehängten Themen in Gruppen bearbeitet werden.
Persönliche Notizen	

Kopfstand-Methode

Einsatzmöglichkeiten	– Zum Einstieg oder zur Einstimmung in eine Fragestellung / ein Thema; – Bei Themen, bei denen sich bislang kein erfolgreicher Lösungsansatz gezeigt hat; – Bei schwierigen Situationen in der Gruppe, um gemeinsam Gruppenregeln zu erarbeiten; – Um Vorurteile abzubauen.
Lernziele	– Aufgeschlossenheit für ungewöhnliche Denkwege fördern; – Durch bewusst herbeigeführten Rollentausch den Blickwinkel verändern und andere Richtungen erkennen; – Alle Beteiligten haben die Möglichkeit einen Beitrag zur Problemlösung zu geben; – Denkblockaden aufbrechen helfen; – Eingefahrene Argumentationen überdenken; – Ausweitung der Lösungsmöglichkeiten durch Umkehrung erfahren; – Anknüpfen an Lebenserfahrungen.
Durchführung	Methode erklären: – Problemfrage anmoderieren; – Problemfrage auf den Kopf stellen – visualisieren; – Brainstorming in Einzelarbeit, Partnerarbeit oder in der Kleingruppe (max. 4 Personen) – Ergebnisse schriftlich festhalten; – Gegenlösung und Weiterentwicklung von Ideen zur Umkehrung suchen, diskutieren und notieren; – Vorstellung der Lösungsmöglichkeiten im Plenum durch Wandzeitung, Rollenspiel, Rundgespräch, etc.
Zeit	– Kopfstand ca. 10 Minuten; – Gruppenarbeit für Lösungsansätze 20 bis 30 Minuten (abhängig vom Thema); – Vorstellung im Plenum: je nach Wahl der Methode 10 bis 30 Minuten.
Teilnehmer	Einzelarbeit bis Klassenstärke

Materialien	– Arbeitsblätter oder leere Blätter für Kopfstandfrage bzw. Visualisierung der Aufgabenstellung; – Tafeln, Papier, Stifte.
Erfahrungen / Mögliche Stolpersteine	– Unklare Formulierung der Kopfstandfrage sorgt für Verwirrung; – Verweilen bei der bloßen Umkehrlösung; – Wichtig sind die Weiterentwicklung und Diskussion im Plenum oder Kleingruppen.
Integration	– Die Lösungsmöglichkeiten werden nun in vertiefenden Arbeitsformen wie Rundgespräch, Gruppenarbeit, Gruppenpuzzle, selbstorganisiertes Lernen, etc. auf die Stichhaltigkeit überprüft und in konkrete Handlungs-anweisungen übersetzt; – Weiterarbeit z. B. im Rollenspiel.
Persönliche Notizen	

Kopfstand-Methode   Beispiel

Thema: Der Jugendliche in der Arbeitswelt
Durch Sozialkompetenz Teamarbeit ermöglichen

1. Umkehrungsideen (Thema ins Gegenteil verkehrt) Wie verhindern wir erfolgreich Kooperation?	2. Mögliche Lösungen Was sollten wir deshalb tun?
– Informationen verstecken; – Mitglieder gegenseitig ausspielen; – Juckpulver auf dem Schreibtisch verteilen; – Telefonterror betreiben; – Freund ausspannen; – Arbeitsergebnisse des anderen als die eigenen verkaufen; Gerüchte in die Welt setzen; – ...	– Freundlicher, offener und vertrauensvoller Umgang miteinander; – Gemeinsam Ziele besprechen und an deren Erreichung arbeiten; – Konflikte ansprechen und aktiv klären; – Ergebnisse als Team gemeinsam abwechselnd vorstellen; Gruppensprecher abwechseln; – ...

3. Bewertung / Lösungsvorschläge

Die Gruppen erarbeiten sich gemeinsam einen Regelkatalog und finden gemeinsam Ziele, die sie erreichen wollen.

Arbeitsanweisung

1. Sammeln Sie möglichst viele Kopfstand-Ideen zu der Frage „Wie verhindern wir erfolgreich Kooperation?"   Zeit: 10 Minuten

2. Stellen Sie Ihre Vorschläge in einem kurzen Szenenspiel vor.
                Zeit: 10 Minuten Vorbereitung,
                    Szene 2 bis 3 Minuten

3. Suchen Sie Möglichkeiten für Kooperation.
                    Zeit: 20 Minuten

Einsatz: Zum Einstieg in das Thema: Erwerb sozialer Kompetenz/ Teamfähigkeit (Der Jugendliche in der Arbeitswelt).

Schulart: Sekundarstufe I und II im Fach Gemeinschaftskunde.

Didaktische Vorgehensweise / Anmerkungen:
– Ziel ist es, für einen bestimmten Zeitrahmen „böse" sein zu dürfen und im Anschluss die Ideen in positive Alternativen umzukehren.
– Wichtig ist, dass die Lernenden diese Umkehrung erreichen; u. U. Lenkung durch den Lehrenden notwendig.

Zeit: 30 bis 45 Minuten für Umkehrideen und mögliche Lösungen. Weitere Zeit je nach Arbeitsauftrag bzw. Wahl der Methode zur weiteren Vorgehensweise.

Kopfstand-Methode Beispiel

Thema: Wie können wir erreichen, dass das Konditoreicafé Zukunft hat?

1. Umkehrungsideen (Thema ins Gegenteil verkehrt) Was führt dazu, dass ein Konditoreicafé keine Zukunft hat?	2. Mögliche Lösungen Was sollten wir deshalb tun?
– Keine neuen Ideen im Sortiment, z. B. weiterhin schwere Sahnetorten; – Verstaubtes Personal mit traditionell weißen Schürzchen; – Unmoderne Einrichtung; – Mangelnde Bezugspersonen, z. B. Chef ist nie anwesend; – Jeden Tag im Jahr das gleiche Sortiment; – Verwendung von billigen Convenience-Produkten; – Personal ausnutzen, bis dieses die Gäste spüren lässt; – Einsatz von EDV vermeiden; – ...	– Sortiment gründlich überprüfen und der heutigen Zeit anpassen; – Flottes Outfit für die Mitarbeiter kostenlos zur Verfügung stellen; – Mehrere Ladenbauer beauftragen, ein modernes Konzept zu entwickeln; – Bezugsperson/Ansprechpartner für Personal und Gäste bestimmen; dieser zeigt sich mehrmals täglich seinen Gästen; – Saisonale Besonderheiten einbauen; – Nur 1a Produkte verwenden; Preise entsprechend kalkulieren; – Personal wertschätzen und permanent schulen; EDV einsetzen, z. B. zur Aufnahme der Bestellungen; – ...

3. Bewertung/Lösungsvorschläge

– Einrichten von Diskussionsforen für Jungunternehmer;
– Benchmarking auch bei Unternehmen im Ausland;
– Erstellen von Schulungsstrategien für das Bedienungspersonal und für die Produktion;
– ...

Arbeitsanweisung

1. Sammeln Sie möglichst viele Kopfstand-Ideen zu der Frage „Was führt dazu, dass ein Konditoreicafé keine Zukunft hat?

   Zeit: 10 Minuten

2. Suchen Sie Möglichkeiten für eine Zukunft des Konditoreicafés.

   Zeit: 20 Minuten

Einsatz: Zum Einstieg;
                     Zur Erarbeitung neuer Lerninhalte.

Schulart: Berufliche Schulen, Berufsschule, Berufsfachschulen
                     für Konditoren.

Didaktische Vorgehensweise / Anmerkungen:

Mögliche Weiterarbeit in der Rubrik Lösungsvorschläge können sein:

– Anfertigen eines Rollenspiels zum richtigen Verhalten des Verkaufspersonals;
– Erarbeitung einer Expertenbefragung zur Thematik;
– Kartenfrage zum Finden weiterer Lösungsstrategien;
– Projekt zusammen mit der Innung oder anderen Verbänden zur Thematik.

Zeit: 45 Minuten für Umkehrungsideen und Gegenlösungen.
                     Weitere Zeit je nach Arbeitsauftrag bzw. Wahl der Methode
                     zur weiteren Vorgehensweise.

Kugellager

Einsatzmöglichkeiten	– Zum Kennenlernen als Einstieg; – Zum Austausch über einen Sachverhalt in wechselnder Partnerarbeit (Einstieg in ein Themengebiet); – Zur Wiederholung von Lerninhalten; – Zur Einübung von Feedbackregeln.
Lernziele	– Einzelne Gruppenmitglieder kennen lernen; – Unsicherheit und Fremdheit abbauen; – Sich für die Meinungsbildung orientieren; – Aktivierung der Teilnehmer durch Beteiligung; – Den Wechsel zwischen Sich-Artikulieren und Zuhören üben; – Genaues Zuhören und Wiedergeben des Gehörten üben.

Durchführung	– Die Teilnehmer bilden zwei einander zugewandte Kreise (Innenkreis und Außenkreis);
	– Die jeweils gegenüberstehenden Personen tauschen sich zu einem vorgegebenen Thema, einer vorgegebenen Fragestellung aus;
	– Nach einer begrenzten Zeit (z. B. 2 Minuten) drehen sich die Kreise in entgegengesetzter Richtung;
	– Jeder Teilnehmer erhält so ein neues Gegenüber und vom Leiter ein neues Thema / eine neue Fragestellung oder bleibt beim ursprünglichen Thema.
	Variante:
	– Erste Runde:
	  • Außen (A) erklärt Innen (I) einen vorgegebenen Sachverhalt;
	  • Der Innenkreis dreht sich um eine Person nach rechts;
	  • I erklärt A den soeben erklärt bekommenen Sachverhalt. A korrigiert I, wenn notwendig.
	– Zweite Runde:
	  • Innen (I) erklärt Außen (A) einen zweiten Sachverhalt;
	  • Der Außenkreis dreht sich um eine Person nach links;
	  • A erklärt I den soeben erklärt bekommenen Sachverhalt. I korrigiert A, wenn notwendig.

	– Jeder Teilnehmer erhält so einen neuen Partner und von dem Leiter ein neues Thema/eine neue Fragestellung oder bleibt beim ursprünglichen Thema; – So können 3 bis 4 Gesprächsphasen ablaufen.
Zeit	ca. 10 bis 15 Minuten
Teilnehmer	Kleingruppe bis Klassenstärke
Materialien	– Vorbereitete Aufgabenstellung für die Gesprächs-phasen; – Evtl. Raum umstellen, damit die Personen für die Bildung der beiden Kreise Platz haben.
Erfahrungen / Mögliche Stolpersteine	Wird in der Regel sehr gerne angenommen, da durch das Reden von allen die einzelne Äußerung nicht stark wahrgenommen wird → Vorübung für Präsen-tationen, Redegewandtheit.
Integration	– Als Übung zum Kennenlernen → auf Pausen achten, damit aufgenommene Kontakte gepflegt werden können; – Bei Einstieg ins Thema dieses durch weitere Arbeits-formen vertiefen; – Bei Feedback-Übungen→ evtl. Stimmungen aufnehmen und in der Gruppe bearbeiten.
Persönliche Notizen	

Leittext-Methode

Einsatzmöglichkeiten	– Selbstständige Erarbeitung eines kompletten Lernabschnittes durch die Schüler; – Gezielte Berufsvorbereitung der Schüler; – Binnendifferenzierung bei heterogenen Gruppen mit unterschiedlichen Lernvoraussetzungen; – Leittexte für: Lehrgänge, Arbeitsbeobachtungen, Personenbefragungen, Erkundungen.
Lernziele	– Selbstständig Information aufnehmen und verarbeiten; – Förderung von Schlüsselqualifikationen; – Förderung von selbstständigem und handlungsorientiertem Lernen nach dem „Modell der vollständigen Handlung" (informieren → planen → entscheiden → ausführen → kontrollieren → bewerten → informieren → …); – Komplexe Aufgaben im Gesamtzusammenhang sehen; – Theorieunterstütztes praktisches Arbeiten.
Durchführung	– Der Lehrende erstellt eine schriftliche Arbeitsanweisung für den Lernenden (**= Leittext**). Dieser hat folgende Bestandteile: – **Leitfragen:** Diese sind vom Schüler zu beantworten. Sie strukturieren die Arbeit und leiten den Schüler an, sich die notwendigen Informationen zu beschaffen; – **Informationsmaterial:** Art und Umfang in Abhängigkeit von Zeit, Lernzielen und Adressatenanalyse; – **Leitsätze:** fassen die fachlichen Kenntnisse zusammen; – **Arbeitsplan:** kann entfallen, wenn Arbeitsweisen und Methoden den Schülern bekannt sind; – **Kontrollbögen:** zur Selbst- und Fremdüberprüfung der Arbeitsergebnisse; **Vorgehensweise:** 1. Die Lernenden lesen die zu bearbeitenden Materialien durch.

	2. Jeder Schüler plant die Teilschritte (gegebenenfalls mit Lösungsalternativen) und erstellt einen Arbeitsplan (Arbeitsablauf und Arbeitsmittel). 3. Präsentation und Disputation (Entscheidungs- verteidigung) der Arbeitspläne innerhalb von Teilgruppen. Die Teilgruppe entscheidet sich für einen optimalen Arbeitsplan. 4. Ausführung 5. Kontrolle anhand der Kontrollbögen 6. Bewertung der Ergebnisse zusammen mit dem Lehrer. Analyse von Fehlerursachen und Entwicklung von Maßnahmen zur Fehlervermeidung
Zeit	Längerer Zeitraum (mehrere Unterrichtsstunden – idealerweise hintereinander liegend, Tage, Wochen)
Teilnehmer	– Klassenverband, dieser wird aufgeteilt in Gruppen; – Bewährte Kleingruppengröße von 3 bis max. 6 Personen.
Materialien	– Schriftliche Arbeitsanweisung (Leittext) – Medien wie Film, Internet, falls geplant – Papier, Stifte, Moderationswände etc. für Präsentationen
Erfahrungen / Mögliche Stolpersteine	– Ein hohes Maß an Selbstständigkeit auf Schülerseite ist erforderlich; – Partner- und Gruppenarbeit als Grundlage für die Leittextmethode; – Schwer abzuschätzender Zeitbedarf.
Integration	– Die Ergebnisse der Teilgruppen dienen als Grundlage zur weiteren Vertiefung des Themas; – Diskussion der Gruppenergebnisse im Klassenverband bringt weiteren Wissenszuwachs; – Reflexion der Zusammenarbeit in den Gruppen.
Persönliche Notizen	

Markt der Möglichkeiten / Meinungsmarkt

Einsatzmöglichkeiten	– Zur Motivation/zum Einstieg in ein Thema; – Zum Erfassen von Vorwissen oder Meinungen; – Als Rückmeldung von Lerninhalten; – Zur Präsentation von Themenbereichen bzw. Inhalten.
Lernziele	– Alle Teilnehmer können sich beteiligen und sind aktiv; – Die Präsentation von Sachinhalten vor einer kleinen Gruppe reduziert Leistungs- und Auftrittsängste; – Dient der Orientierung bei Entscheidungsprozessen; – Bietet Rahmen zur kontroversen Diskussion von Themen; – Hilft Kontakte zu knüpfen.
Durchführung	**Beispiel 1:** – Die Teilnehmer erarbeiten in Kleingruppen Themen/Problemstellungen entsprechend der Aufgabenstellung: – Die Kleingruppe erarbeitet eine Präsentation ihrer Inhalte und Statements und führt diese aus; – Ein bis zwei Gruppensprecher werden gewählt bzw. es wird abgewechselt; – In einem gemeinsamen Raum werden die Präsentationen ausgestellt; bei jedem Stand stehen die Sprecher um Auskunft zu geben; – Die anderen Teilnehmer flanieren durch den Markt der Möglichkeiten, besichtigen still oder fragen nach; – An jedem Stand sollte die Möglichkeit gegeben sein, Rückmeldung zu geben; – Zum Abschluss kehrt jede Gruppe zu ihrem Stand zurück und wertet die Rückmeldungen aus oder die Gruppen besprechen dies im Plenum gemeinsam. **Beispiel 2:** – Die Leitungsperson bereitet vor Beginn der Veranstaltung den Markt der Möglichkeiten vor: Zur Motivation der Teilnehmer; sie orientieren sich, konsumieren und, wenn sie wollen, werden sie aktiv (vgl. auch Stationen lernen).

Zeit	Je nach Arbeitsauftrag; auch während Pausen durchführbar.
Teilnehmer	Kleingruppe bis Klassenstärke
Materialien	– Schriftlicher Arbeitsauftrag; – Vorüberlegung zur Gruppeneinteilung – evtl. Material; – Moderationswände / Metaplantafeln, Stifte, Papier für Präsentation; – Für Ausstellungsraum sorgen – evtl. auch Flur nutzen.
Erfahrungen / Mögliche Stolpersteine	– Zu geringes Interesse der Teilnehmer → konkreten Aufgabenplan auf die Wanderung mitgeben; – Teilnehmer nutzen diese Form gerne, da sie sich etwas bewegen können.
Integration	Der Markt der Möglichkeiten kann eine Zwischenbilanz oder einen Abschluss bilden.
Persönliche Notizen	

Masterchart

Einsatzmöglichkeiten	– Zur Erarbeitung neuer Lerninhalte; – Wenn sich ein Lerngebiet in mehrere aufeinander aufbauende, durchdringende Fragestellungen aufteilen lässt; – Wenn sich ein Problem durch mehrere aufeinander folgende Fragestellungen erschließen lässt.
Lernziele	– Aktive Beteiligung an der Erarbeitung eines Arbeitsgebietes; – Eigene Ideen, Erfahrungen, Fragen, Ängste mit einbringen; – Verantwortung für sich selbst und die Gruppe übernehmen; – Zielorientiertes Denken und Arbeiten üben.

Durchführung	– Thema anmoderieren (einführen z. B. mit einem Titelplakat, einer Szene – Ziel klar machen);
	– Packpapier falten (längs / quer), mit Überschrift (z. B. Fragestellung) versehen und Untergebiete / Fragen visualisieren;
	– Großgruppe in Kleingruppen unterteilen;
	– Methode erklären:
	  • Gemeinsames Schweigen: Jeder Teilnehmer derKleingruppe schreibt 2–3 Karten (Ovale) zu deneinzelnen Fragestellungen; Hinweis für die Teil-nehmer: ein Gedanke pro Karte; Kurzsatz, keine Stichworte; deutlich schreiben;
	  • Jeder Teilnehmer stellt seiner Kleingruppe seine Karten vor. Die Karten werden sofort von der Kleingruppe nach sinnzusammenhängenden Aspekten geordnet;
	  • Meinungsverschiedenheiten / Widerstände werden durch „Blitzen" visualisiert;
	  • Haben alle Teilnehmer der Kleingruppe ihre Karten vorgestellt und angepinnt, erfolgt die Fragestellung: „Fehlt noch ein wichtiger Gedanke?"

	• Ist das Ergebnis erreicht, kehren alle Kleingruppen ins Plenum zurück und stellen ihre Ergebnisse der Großgruppe vor. Die Präsentation kann auch in einem Markt der Möglichkeiten durchgeführt werden.
Zeit	– Für die Gruppenarbeit am Masterchart: Je nach Aufgabenstellung 45 Minuten oder länger; – Für die Präsentationen ca. 10 bis 15 Minuten pro Kleingruppe.
Teilnehmer	– Kleingruppe bis Klassenstärke; – Pro Masterchart 4 bis 8 Teilnehmer.
Materialien	– 1 Moderationswand pro Kleingruppe (je nach Aufgabenstellung auch mehrere); – Je ein gefaltetes Masterchart pro Kleingruppe mit Gesamtthema und den Fragestellungen; – Moderationsmaterial: schwarze Stifte, Karten (Ovale) in einer Farbe, roter Stift zum Blitzen.
Erfahrungen / Mögliche Stolpersteine	Teilnehmer sind das zielorientierte selbstständige Arbeiten in Kleingruppen nicht gewöhnt → Schritt für Schritt an Gruppenarbeit heranführen.
Integration	Häufig dienen Mastercharts einer Durchdringung von Inhalten, Meinungen, Fragestellungen zu einem Thema, die im Anschluss plenar präsentiert werden und an denen weiter gearbeitet wird.
Persönliche Notizen	

Masterchart

Beispiel

Thema:
Wie kann die Zusammenarbeit zwischen Schule und Betrieb im Sinne der Lernortkooperation verbessert werden?

Welche Ziele wollen wir erreichen?

Gegenseitige Kompetenz-ergänzung

bessere Koordination der Lerninhalte

regelmäßiger Austausch

Austausch insbesondere im Lernfeld

selbständig denkende Schüler/innen

gegenseitiger Respekt

Welche ersten Schritte wollen wir anstreben?

Bildungsinhalte abstimmen

Einige Betriebe zu einem gemeinsamen Workshop einladen

regelmäßige Besprechungs-termine

gemeinsame Öffentlichkeits-arbeit

Ziele gemeinsam bestimmen

gemeinsame Projekte festlegen

Wessen Unterstützung benötigen wir?

Handwerks-kammern

einzelne Betriebe

Industrie- und Handelskammer

Eltern

Lehrerkollegium

Regierungs-präsidium

Schulleitung

Mit welchen Hindernissen müssen wir rechnen?

Erbhöfe

schulinterne Betriebsabläufe

kein Mut zum Ausprobieren

Widerstand durch Mehrbelastung

fehlende Ressourcen

Interessen-losigkeit

Meditation / Phantasiereise

Einsatzmöglichkeiten	– Zur Einstimmung in ein Thema; – Zur Entspannung/Beruhigung der Teilnehmer.
Lernziele	– Entspannen und Wohlfühlen; – Abbau von Ängsten und Entwickeln einer positiven Grundhaltung; – Freimachen des Kopfes von Ballast; – Stimulieren der Kreativität und Erzeugen von inneren Bildern.
Durchführung	– Die Teilnehmer sitzen oder liegen. Als besonders günstig hat sich bei Kindern und Jugendlichen das Liegen des Kopfes auf dem Tisch erwiesen, da dies für viele Menschen eine vertraute Entspannungshaltung ist. Beim Sitzen im Stuhlkreis ist es wichtig, sich bewusst zu setzen und den Stuhl an den „richtigen" Platz zu stellen; – Impulse über die Wahrnehmung des eigenen Körpers: Füße auf dem Boden spüren, den Stuhl mit seiner Lehne spüren, Kopfhaltung spüren, Augen geschlossen halten oder Blick nach unten; – Spüren, wie der Atem ein- und ausfließt; – Phantasiereise in die Natur, in die jüngste Vergangenheit (Ferienerlebnis, Wochenende, Ausflug etc.), in die Zukunft oder in eine fiktive Welt; – Rückkehr in die Gegenwart über Wahrnehmung der Atmung, das Spüren des Körpers, sich dehnen und räkeln; – WICHTIG: Bei der Phantasiereise das Sprechtempo verlangsamen, die Stimme senken und leiser sprechen. Nach Beendigung der Phantasiereise wieder langsam zum normalen Sprechen zurückkehren; – Die Teilnehmer zur Bewegung im Raum ermuntern, damit die Körpermuskulatur und das Kreislaufsystem wieder aktiviert werden
Zeit	Ca. 5 bis 15 Minuten
Teilnehmer	Beliebig

Materialien	– Vorbereitete formulierte Phantasiereise; – Hintergrundmusik, die einen entspannten Zustand unterstützt.
Erfahrungen / Mögliche Stolpersteine	– Menschen, die mit Phantasiereisen noch keine Erfahrungen gemacht haben, können irritiert sein und evtl. stören; – Geräusche von außen oder andere Störungen können die Atmosphäre schlagartig zerstören und auf die Teilnehmer erschreckend wirken. → im gesprochenen Text Störung verbalisieren.
Integration	Erfahrungen aus einer Phantasiereise können mit kreativen Medien ausgedrückt und mitgeteilt werden.
Persönliche Notizen	

Meditation / Phantasiereise   Beispiel

Phantasiereise zum Thema Lernumwelt

Ich lade Sie ein, sich einen Moment Zeit zu nehmen, um in aller Ruhe Energie und Ideen zu sammeln bzw. Ideen entstehen zu lassen …

Während Sie sich bequem auf Ihrem Stuhl zurechtsetzen … und Sie überprüfen, ob der Stuhl, da wo er steht, richtig steht, … nehmen Sie wahr, wie Ihre Füße festen Kontakt mit der Erde haben … und der Stuhl, auf dem Sie sitzen, Ihr Gewicht sicher trägt, … die Rückenlehne Ihren Rücken sicher abstützt … und Sie Ihrem Atem erlauben … tiefer und tiefer zu werden … beginnen Sie vielleicht ein Gefühl zunehmender Entspannung und Ruhe zu spüren …

Ich lade Sie ein zu einem Streifzug durch Ihre Schule.

Ich laufe auf mein Schulhaus zu und trete durch die Haupttür ein ... meine Gedanken, Gefühle ... Im Treppenhaus empfängt mich ein Stimmengewirr von vielen jungen Menschen, die auf den Beginn des Unterrichts warten ... wie sehe ich meine (Mit-) Schüler? Was empfinde ich? ...

Ich gehe durch die Flure zum Zimmer meiner Klasse (meines Unterrichtsraumes). Wie sieht es dort aus? ...

Die Einrichtung ... vielleicht stehen Blumen im Raum ... die Wände, unterstützen sie das Lernen der Jugendlichen (mein Lernen)? ...

Langsam kommt (kommen) meine Klasse (meine Klassenkollegen) ins Zimmer ... was nehme ich an ihnen wahr? ... Müdigkeit ... frohes Lachen ... grimmige Gesichter ... erwartungsvolles Schauen ...

Welche Gefühle ... welche Wünsche begleiten mich? ...

Was wünsche ich mir, ... was brauchen meine Schüler (meine Mitschüler), ... damit wir gemeinsam gut lernen können? ...

Ganz langsam ... in Ihrem Tempo ... kommen Sie zurück in diesen Raum in ..., lassen Sie Bewegung in Ihre Zehen ... und Ihre Finger kommen ... lassen Sie die Bewegungen langsam größer werden ... vielleicht nehmen Sie noch ein paar tiefe Atemzüge ... öffnen die Augen ... schauen sich um und nehmen wieder Kontakt auf mit Ihren Kollegen ...

Einsatz: Zum Einstieg;
Zur Erarbeitung neuer Lerninhalte zum Thema Lernen.

Schulart: Alle Schularten.

Didaktische Vorgehensweise / Anmerkungen:
– Für eine ruhige Atmosphäre sorgen, evtl. sanfte, meditative Hintergrundmusik.
– Im Anschluss kurzes Bewegungsspiel einplanen, damit die entspannte Muskulatur wieder angespannt wird, sonst bleibt Müdigkeit (entspannte Muskeln) für den Rest des Tages zurück.

Zeit: 10 bis 15 Minuten

Memospiel

Einsatzmöglichkeiten	– Zum Wiederholen von Lerninhalten; – Als Lernzielkontrolle; – Zum Erfassen von Vorwissen.
Lernziele	– Gedächtnis schulen; – Selbstwertgefühl erhöhen; – Kombinationsfähigkeit und Konzentrationsfähigkeit fördern.
Durchführung	– Methode erklären; – Großgruppe in Kleingruppen unterteilen; – Jeweils ein Memospiel pro Kleingruppe ausgeben; – Die Teilnehmer sitzen um einen Tisch; – In der Mitte des Tisches liegen verdeckt die Memo-Karten (Schrift/Symbol nach unten); – Der erste Spieler beginnt und deckt dabei 2 Karten auf. Passen diese zusammen, nimmt er beide Karten zu sich. Er deckt wieder 2 Karten auf. Passen diese nicht zusammen, so folgt der zweite Spieler. – Der zweite Spieler deckt wieder zwei Karten auf; er hat sich dabei die Lage der Karten des 1. Spielers gemerkt und hat es somit „leichter". Findet er die zusammenpassenden Karten, so nimmt er diese zu sich und deckt zwei weitere auf. Passen seine zwei gewählten Karten nicht zusammen, so folgt der dritte Spieler. – Der dritte Spieler … – Das Spiel endet, wenn alle Paare gefunden und aufgedeckt sind. – Bei diesem Memospiel sind die passenden Karten in der Regel nicht identisch, sondern gehören lediglich zueinander.
Zeit	Ca. 5 bis 10 Minuten je nach Schwierigkeitsgrad und Anzahl der Karten
Teilnehmer	In der Regel 3 bis 6 Personen
Materialien	– Vorbereitete Spielsätze (1 Spielsatz pro Kleingruppe); – Spielstationen: Tische mit Stühlen für die Kleingruppen.

Erfahrungen / Mögliche Stolpersteine	– Diskussion über die Gruppeneinteilung → für Transparenz sorgen; – Zu große Gruppengröße; – Inhalte des Lerngebietes noch zu unbekannt → für Vorstruktur sorgen.
Integration	– Je nach Einsatz zur Weiterarbeit mit z. B. unbekannten/übrig gebliebenen Begriffen; – Zum Abschluss einer Lerneinheit.
Persönliche Notizen	

Memospiel

caterpillar		snail	
butterfly		dog	
bear		cat	
elk		lion	
bee		cow	
snake		bird	
horse		fish	
rabbit		mouse	
tiger			

Einsatz: Als Lernzielkontrolle.

Zum Einstieg zum Sammeln von Vorwissen der Gruppe.

Schulart: Grundschule: Englisch

Didaktische Vorgehensweise:

– Die Schüler bekommen den Hinweis, dass es sich dabei um ein „Lernspiel" handelt, dem das bekannte Memory® zu Grunde liegt.
– Das Spiel kann durch die Grundschüler selbst mit eigenen Darstellungen erweitert werden.

Memospiel			Beispiel
$\pi =$	3,14	$\sqrt{81} =$	9
$3^2 =$	9	Zinsen in €	$\dfrac{k \cdot p \cdot t}{100 \cdot 360}$
Zinsfuß in % =	$\dfrac{z \cdot 100 \cdot 360}{k \cdot t}$	$(a + b)^2 =$	$a^2 + 2ab + b^2$
$(a - b)^2 =$	$a^2 - 2ab + b^2$	$(a + b) \cdot (a - b) =$	$a^2 - b^2$
$a^2 + b^2 =$	c^2		

Einsatz: Als Lernzielkontrolle.

Schulart: Alle Sekundarstufen.

Didaktische Vorgehensweise / Anmerkungen:

Die Schüler bekommen den Hinweis, dass es sich dabei um ein „Lernspiel" handelt, dem das bekannte Memory® zu Grunde liegt.

Methode 66 (Bienenkörbe)

Einsatzmöglichkeiten	– Nach einer Informationsphase zur Sammlung von Fragen, Eindrücken, Meinungen, Lösungen; – Nach einer Informationsphase zur Sicherung der Lerninhalte im Langzeitgedächtnis.
Lernziele	– Einfache und schnelle Aktivierung aller Teilnehmer; – Sich in kurzer Zeit über Lerninhalte austauschen; – In kurzer Zeit kann jeder seine Meinung äußern; – Schafft den Kopf frei für weitere Informationen und für andere Arbeitsformen.
Durchführung	– Die Teilnehmer bilden Gruppen zu je 6 Personen; – Die Kleingruppen erhalten eine präzise Aufgabenstellung im Hinblick auf die vorausgegangene Information; – Alle Kleingruppen haben für den Austausch 6 Minuten Zeit; – Die Teilnehmer bringen die Ergebnisse oder Fragen ins Plenum ein.
Zeit	– Mit Gruppeneinteilung (freie Wahl der Teilnehmer) ca. 10 Minuten; – Diskussionszeit stoppen.
Teilnehmer	Kleingruppe bis Klassenstärke
Materialien	Evtl. Material zur Visualisierung
Erfahrungen / Mögliche Stolpersteine	– Arbeitsauftrag unpräzise gestellt/evtl. visualisieren – Die Teilnehmer vergessen beim Diskutieren die Zeit → Zeitwächter benennen lassen.
Integration	– Übernahme der Ergebnisse in die weitere Arbeit als Mitbestimmung der Teilnehmer im Lernprozess; – Zur persönlichen Integration des Gelernten → bedarf im Moment keiner Weiterarbeit im Plenum.
Persönliche Notizen	

Mind-Map	
Einsatzmöglichkeiten	– Einsetzbar in nahezu allen Bereichen, in denen Sammeln, Denken, Erinnern, neu Gestalten oder Planen gewünscht sind, z. B.: – Stoffsammeln für ein Thema; – Vorbereiten von Gesprächen, Konferenzen, Vorträgen; – Lernstoffwiederholungen; – Unterrichtsplanung; – Unterrichtsmitschrift; – Ordnung von Gedanken; – Spickzettel schreiben.
Lernziele	– Neue Gedanken entwickeln lassen; – Stoff strukturiert anordnen lernen: vom Allgemeinen zum Speziellen; – Assoziationsfähigkeit und Kreativität steigern; – Informationen verdichten und verknüpfen lernen – Wiederfinden erleichtern; – Mnemotechnik verbessern lernen (neben der Sprache auch Zeichnungen, Bilder, Symbole etc. einsetzen lernen).

Durchführung	– Regeln des Mind-Maps erklären und an einem Beispiel erläutern;
	– Vorbereitung:
	  • Papier (DIN-A4 oder besser DIN-A3, Packpapier, ...) im Querformat;
	  • Stifte bereitlegen (je nach Größe des Papiers Bleistifte, Filzschreiber, Moderationsstifte ...);
	  • Thema / Leitgedanken in der Mitte des Papiers platzieren;
	  • Hauptäste anlegen und beschriften (grundsätzlich gilt: Druckschrift gut leserlich, Klein- und Großbuchstaben).
	– Durchführung:
	  • Mind-Maps bauen sich immer vom Mittelpunkt her auf;
	  • Die Ordnungsstruktur wird vom Allgemeinen zum Speziellen aufgebaut, ... also von der Mitte, dem Hauptast, entwickelt sich das Mind-Map

	nach außen zu Nebenästen und weiter zu immer feineren Nebenästen und Verzweigungen; Je weiter die Zweige von der Mitte entfernt sind, desto konkreter werden die Informationen. Zur besseren Unterscheidung können die Äste von den Zweigen und weiteren Verästelungen farblich codiert werden; <ul><li>Es werden bevorzugt Substantive benutzt, da sie die höchste Informationsdichte aufweisen;</li><li>Bei Platzmangel „anbauen", indem weitere Papierbogen einfach angeklebt werden;</li><li>Hinweise, Symbole oder Bilder erleichtern das Behalten des Mind-Maps – je origineller, desto besser.</li></ul>
Zeit	Je nach Art des Einsatzes unterschiedlich, in der Gruppe ca. 15 bis 20 Minuten
Teilnehmer	Einzelarbeit bis Klassenstärke
Materialien	– Papier (DIN-A4, DIN-A3, Flipchart, Moderationspapier); – Stifte.
Erfahrungen / Mögliche Stolpersteine	– Mind-Maps sind zunächst ungewohnt und können auf Ablehnung stoßen; – Unübersichtlichkeit beim erstmaligen Erstellen; – Zu große Gruppen.
Integration	Wird im Klassenverband bzw. in Kleingruppen ein Mind-Map entwickelt, werden die Inhalte in anderen Unterrichtsabschnitten weiterentwickelt bzw. vertieft.
Persönliche Notizen	

Mind-Map   Beispiel

Moderation / Leiten von Gruppen

Einsatzmöglichkeiten	– Bei Diskussionen/Zusammenfassungen; – Bei Konfliktgesprächen.
Lernziele	– Wertschätzung wahrnehmen und weitergeben können; – Demokratische Verfahren kennen lernen; – Am Vorbild lernen.
Durchführung	– Der Moderator ist ein Gesprächsleiter, der sich inhaltlich zurückhält. Er lässt die Gruppenmitglieder ihre eigenen Ideen verwirklichen und verfolgt nicht seine eigenen Ziele; – Der Moderator strukturiert den Gesprächsverlauf. Er stellt offene Fragen und macht so Ziele, Wünsche, Bedürfnisse sichtbar und fördert vielfältige Antworten; – Der Moderator hilft methodisch, wenn die Gruppe stockt oder Ergebnisse nicht zustande kommen können, er unterstützt aktives Lernen, er fördert die persönliche Entwicklung der Teilnehmer; – Der Moderator zeigt gegenüber den Gruppenmitgliedern eine hohe Wertschätzung (betrachtet die Teilnehmer als gleichberechtigte, vollwertige und achtenswerte Personen), er ist höflich, wohlwollend, ermutigt zur Beteiligung; seine Sprache ist umkehrbar; – Der Moderator ermöglicht den Gruppenmitgliedern Entscheidungsfreiheit. Der Wunsch nach Selbstbestimmung und Eigeninitiative, aber auch Selbstverantwortung wird durch ihn gefördert. Er wertet nicht, sondern formuliert Wahrnehmungen, stellt Vermutungen an und zeigt, dass diese subjektive Interpretationen darstellen; – Er stellt mit der Gruppe gemeinsame Regeln auf.
Zeit	– Vom Thema abhängig; – Wichtig: vor Beginn des Gesprächs einen Zeitplan festlegen.
Teilnehmer	– Kleingruppe bis Großgruppe;

	– Bei größeren Gruppen evtl. zwei Moderatoren einsetzen; – Je kleiner die Gruppe, desto intensiver die Möglichkeiten des Austauschs.
Materialien	– Moderationswand / Metaplantafel oder Flipchart und Stifte zur Visualisierung; – Evtl. Gesprächsball, Gesprächsstein als sichtbares Zeichen, wer im Besitz des „Wortes" ist.
Erfahrungen / Mögliche Stolpersteine	– Moderator ungeübt mit Rolle → Gefahr der Rechtfertigung bei Äußerungen der Teilnehmer; – Moderator erspürt das Klima in der Gruppe nicht → führt zu Unmutsäußerungen; – Moderator vermischt seine Rolle mit seinen inhaltlichen Interessen → kann sich nicht zurücknehmen, diskutiert mit und verliert Neutralität; – Die Gruppe will oder kann nicht gegenseitig zuhören → das Gruppenverhalten zum Thema machen.
Integration	– Inhaltlich durch andere Arbeitsformen; – Sozial durch ein positiv verändertes Arbeitsklima in der Gruppe und durch eine gegenseitige Wertschätzung.
Persönliche Notizen	

Museumsmethode

Einsatzmöglichkeiten	– Zum Einstieg in ein Thema; – Zum Kennenlernen von Teilnehmern; – Zur Vertiefung von Inhalten.
Lernziele	– Stellungnahme und Austausch der Teilnehmer untereinander über fachliche oder allgemeine Themen bzw. Einstellungen; – Eigene Einfälle zum Thema / zur eigenen Person einbringen; – Gegenseitiges Kennenlernen und vertraut werden mit der Einstellung von anderen Teilnehmern.
Durchführung	– In der Raummitte oder im ganzen Zimmer werden unterschiedliche Gegenstände, Bilder, Symbole, Bilder von Personen usw. ausgestellt; – Die Teilnehmer schauen sich alle Ausstellungsstücke an; – Jeder Teilnehmer entscheidet sich für einen Ausstellungsgegenstand und erzählt die eigenen Empfindungen, sein Wissen zu diesem Gegenstand oder in welchem Bezug der Gegenstand für ihn zum Thema steht.
Zeit	– Ca. 3 Minuten für die Besichtigung und die Entscheidung; – Pro Person bis max. 1 Minute zum Berichten.
Teilnehmer	Kleingruppe bis Klassenstärke
Materialien	– Ca. 25% mehr Gegenstände, als Teilnehmer beteiligt sind; es soll eine Auswahl für alle Teilnehmer gewährleistet sein. **Beispiel 1:** Thema „Schülerorientierte Unterrichtsmethoden": Roter Stift, Lehrplanheft, Uhr, Steinherz, Kalender, Prüfungsordnung, Ball, etc. **Beispiel 2:** Thema „Der Einzelne und die Gemeinschaft": Kassette, Skateboard, Inliner, Markenturnschuhe, Handy, Kalender, Notenbuch, Zeugnis, Schulranzen, Videogerät, Comics, Buch, Getränkedose, Lippenstift, Bett, Fahrrad, Haustier, Kondom, Pille, Feuerzeug, Schlüssel, Geld, CD, Zigaretten, Beruhigungstabletten.

Erfahrungen / Mögliche Stolpersteine	– Die Entscheidungsfrage ist für manche Teilnehmer schwierig. Hier kann der Hinweis, dass dies eine momentane Entscheidung ist und keine feste für alle Zeit, hilfreich sein; – Teilweise erspüren Teilnehmer nicht den „Sinn" dieses Tuns und sperren sich dagegen → Mut machen, Neues auszuprobieren; – Kurzfristig ziemlich laut und diffus → Zeichen für Entscheidungsende vorher vereinbaren; – Die Entscheidung den Teilnehmern überlassen, nicht eingreifen.
Integration	– Nach der Entscheidungsphase ist es wichtig, dass alle Teilnehmer gehört werden und ihren Beitrag sagen können; – Persönliche Mitteilungen können immer wieder während des Unterrichts aufgegriffen werden – stellt eine gewisse Vertrautheit her; – Thematische Mitteilungen können den Weg für die nächsten Schritte weisen; – Wichtig ist, dass die Methode nicht zum Selbstzweck losgelöst vom Kommenden steht.
Persönliche Notizen	

Partnerarbeit

Einsatzmöglichkeiten	– Als Vorform der Gruppenarbeit; – 2 Personen bearbeiten gemeinsam ein Problem / eine Fragestellung; – Bei überschaubaren Teilaufgaben.
Lernziele	– Sich mit einem Partner im Gespräch austauschen; – Zugewinn an Ideen, Wissen durch den Partner; – Einübung von kooperativem Verhalten; – Gemeinsam Verantwortung für eine Arbeit übernehmen.

Durchführung	– Hinführung zum Arbeitsauftrag;
	– Einteilung der Tandems;
	– Besprechung des Arbeitsauftrages (arbeitsgleich
	  oder arbeitsteilig für unterschiedliche Tandems);
	– Jedes Tandem erhält einen Auftrag schriftlich;
	– Die Partner besprechen die Aufgabe gemeinsam,
	  notieren diese und beschließen, wer im Plenum das
	  Ergebnis vorträgt;
	– Präsentation im Plenum.

Zeit	vom Arbeitsauftrag abhängig
Teilnehmer	Kleingruppe bis Klassenstärke
Materialien	– Schriftlicher Arbeitsauftrag; – Evtl. Material zur Präsentation (Papier, Stifte, Folien, etc.).
Erfahrungen / Mögliche Stolpersteine	– Arbeitsauftrag unpräzise formuliert; – Widerstand bei der Einteilung der Tandems → Einteilung nach Neigung und nach Schicksal abwechseln.
Integration	Diskussion der Ergebnisse und Weiterführung im Plenum oder durch weitere vertiefende Arbeitsformen.
Persönliche Notizen	

Partnerinterview

Einsatzmöglichkeiten	– Zum Kennenlernen von Gruppenmitgliedern; – Zum Wiederholen von Lerninhalten; – Zum Erfassen von Vorwissen und/oder Interessen.
Lernziele	– Gruppenmitglieder lernen sich kennen; – Alle Teilnehmer können sich austauschen; – Dient der Meinungsbildung und zur Orientierung bei Entscheidungsprozessen; – Unterstützt die Kontaktpflege zu einzelnen Gruppenmitgliedern.
Durchführung	– Paarbildung (Neigungspaare oder Schicksalspaare durch z. B. einen geteilten Spruch, eine geteilte Karte, die gleiche Süßigkeit etc.); – Bekanntgabe der Aufgaben/Fragen (über Arbeitsblatt, Folie oder mündlich), evtl. auch freie Frageformulierungen möglich (z. B. beim Kennenlernen des Gegenübers); – Das Paar stellt sich gegenseitig die Fragen; die Antworten werden z. B. in einem Steckbrief notiert; – Vorstellbar ist auch, dass ein Paar ein gemeinsames Bild beim Kennenlernen erstellt; – Besprechung der Antworten im Plenum bzw. Vorstellung der Informationen aus den Paargesprächen.
Zeit	Ca. 30 bis 60 Minuten, je nach Größe der Gruppe und nach Anzahl der Fragen
Teilnehmer	Kleingruppe bis Klassenstärke
Materialien	Evtl. vorbereitete Arbeitsblätter, Flipchart, Folie etc.
Erfahrungen / Mögliche Stolpersteine	– Die Anzahl der Teilnehmer ist nicht gerade → eine Dreiergruppe bilden; – Paare halten sich nicht an die vorgegebene Zeit → Zeitwächter benennen; – Die Bearbeitung im Plenum verbraucht mehr Zeit als eingeplant → Redebeiträge zeitlich begrenzen und dies am Anfang schon deutlich machen, damit alle wissen, woran sie sind.

Integration	– Ggf. auf Inhalte zurückkommen; – Ggf. Bilder im Raum aufhängen.
Persönliche Notizen	

Partnersuche

Einsatzmöglichkeiten	– Zum Herstellen von ersten Kontakten; – Zum besseren Kennenlernen von Teilnehmern, die sich schon einige Zeit kennen.
Lernziele	– Einschätzung der Mitmenschen trainieren; – Selbstbewusstsein stärken; – Positives Feedback geben; – Kreativität fördern.
Durchführung	– Methode erklären: **1.Schritt** – **Einzelarbeit:** Jeder Teilnehmer formuliert auf Moderationskarten eine Partnerschaftsannonce. Die Teilnehmer sollen sich vorstellen, sie sind in eine neue Stadt gezogen und möchten neue Freunde kennen lernen. Wie sie die Annonce gestalten – ob in Reimform, in Stichworten, mit Bildern oder Zeichnungen – bleibt ihnen überlassen. Wichtig ist nur, dass sie keinen Namen auf die Karten schreiben. **2. Schritt** – **Präsentation und Auswahl:** Die Moderationskarten werden eingesammelt, einzeln vorgelesen und an eine Moderationswand gehängt. Nun darf sich jeder Teilnehmer eine Anzeige aussuchen – außer seiner eigenen – auf die er sich gerne melden würde, weil sie ihm interessant erscheint. **3. Schritt** – **Raten und Auflösung:** Jeder Teilnehmer liest nun nacheinander die von ihm herausgesuchte Anzeige vor, sagt, was er besonders gelungen daran fand, und versucht zu erraten, wer das geschrieben haben könnte. Wenn das Raten nicht klappt, darf die Großgruppe mithelfen. Derjenige, der erraten wurde, darf dann seine Anzeige vorlesen usw.
Zeit	In Abhängigkeit von der Gruppengröße ca. 20 bis 45 Minuten

Teilnehmer	Kleingruppe bis Klassengröße
Materialien	– Moderationskarten oder DIN A 5 Karteikarten, Stifte, Moderationswand
Erfahrungen / Mögliche Stolpersteine	– Teilnehmer können nicht erraten, wer die Annonce geschrieben hat → Großgruppe hilft mit – Den Teilnehmern fehlt die Kreativität Annoncen zu formulieren → Trainer kann Hilfestellung geben
Integration	– Als Einstieg bei allen Trainings, bei denen sich die Teilnehmer näher kommen sollen.
Persönliche Notizen	

Piazza

Einsatzmöglichkeiten	– Bei festgefahrenen Situationen; – Bei auftretenden Störungen / Konflikten in der Gruppe; – Als Alternative zum Blitzlicht; – Zur Auflockerung; – Als Abschiedsrunde.
Lernziele	**Für den Einzelnen:** – Aktivierung, um höhere innere Beteiligung zu stimulieren; – Die eigenen Gefühle, Wünsche, Störungen selbst wahrnehmen und ausdrücken können. **Für die Gruppe:** – Gegenseitige Information über das, was im Moment wichtig ist; – Unsicherheiten und Unstimmigkeiten frühzeitig erkennen.
Durchführung	– Teilnehmer bewegen sich frei im Raum; – Teilnehmer bewegen sich auf einen Partner zu und formulieren eine vorher vereinbarte Fragestellung, z. B. „Was hat Ihnen besonders gut gefallen?" oder „Wo sehen Sie Diskussionsbedarf?"; – Ist die Fragestellung hinreichend diskutiert worden, suchen sich die Teilnehmer einen weiteren Gesprächspartner.
Zeit	Ca. 5 bis 10 Minuten, je nach Anzahl der Teilnehmer
Teilnehmer	Kleingruppe bis Großgruppe
Materialien	Keine
Erfahrungen / Mögliche Stolpersteine	Teilnehmer diskutieren andere Dinge → eingreifen oder gewähren lassen (situationsabhängig).
Integration	– Für die Leitung kann die Piazza ein wichtiges Instrument darstellen um zu erfahren, womit die Lerngruppe beschäftigt ist. Ein anschließendes klärendes Gespräch, eine Diskussion oder ein vertiefendes Bearbeiten können von Nutzen sein.

	– Manchmal muss sich die geplante Weiterarbeit verändern, da wichtige Fragestellungen, Äußerungen im Raum stehen → Flexibilität der Leitungsperson ist erforderlich; – Es kann der Abschluss einer Lernarbeit sein, Teilnehmer runden für sich das Thema / die Begegnung ab.
Persönliche Notizen	

Planarbeit

Einsatzmöglichkeiten	– Zur Vertiefung eines Lerngebietes; – Zum eigenständigen Erarbeiten neuer Lerninhalte.
Lernziele	– Aktive Beteiligung an der Erarbeitung eines Inhalts; – Eigene Erfahrungen, Fragen und Vorüberlegungen einbringen; – Bereits vorhandene Sachkompetenz wahrnehmen; – Selbstständig Informationen erarbeiten und Problemlösungen entwickeln; – Evtl. eigenständig kleine Experimente durchführen; – Kooperationsformen entwickeln und üben; – Verantwortung für sich selbst und einen evtl. Arbeitspartner übernehmen; – Zielorientiertes Denken üben.

Durchführung	Methode erklären;
	– Festlegen, ob die Planarbeit in Einzelarbeit oder in Teams erfolgen soll;
	– Hinweise zur Durchführung geben:
	  • Eigenständiges Arbeiten ohne (mit wenig) Hilfestellung des Lehrers;
	  • Erwartungshorizont des Leiters klar machen;
	  • Deutlich machen, wo die Lösungen einzusehen sind;
	  • Hinweis geben, ob die Ergebnisse im Anschluss bewertet werden.
	– Austeilen der Arbeitspläne durch den Leiter.
	
	Folgende Angaben sollten in einem Arbeitsplan enthalten sein:
	– Ziele und Inhalte der Unterrichtssequenz/der Unterrichtsstunde/der Unterrichtseinheit;
	– Vorgesehene Gesamtarbeitszeit (evtl. eingeteilt in Arbeit vor Ort und Hausarbeit);
	– Zugelassene Hilfsmittel (sind vorhanden oder müssen vom Lernenden selbst organisiert werden);
	– Klare Arbeitsaufträge, wie z. B. gewünschte Vorüberlegungen, Experimentbeschreibungen, Dokumentationswünsche, Präsentationswünsche, ...

Zeit	45 Minuten und länger, je nach Umfang der Planarbeit
Teilnehmer	Beliebig
Materialien	– Vorbereiteter Arbeitsplan für jeden Schüler bzw. jedes Arbeitsteam; – Vorbereitete Lösungen; – Evtl. zugelassene Hilfsmittel, wie z. B. Literatur, Internet, PC, Experimentiermaterial, …
Erfahrungen / Mögliche Stolpersteine	– Zu komplexe Arbeitspläne können bei den Lernenden zu einer Überforderung führen; – Lernende sind evtl. diese selbstständige Arbeitsweise nicht gewohnt und sind unsicher → langsame Hinführung zur selbstständigen Erarbeitung von Lerninhalten; – Leistungsschwächere Schüler benötigen u. U. mehr Unterstützung.
Integration	Die Planarbeit kann eine ganze Arbeitseinheit füllen.
Persönliche Notizen	

Präzisionsarbeit

Einsatzmöglichkeiten	– Üben von genauen Formulierungen, präzisen Beschreibungen; – Zur Vertiefung eines Lerngebietes.
Lernziele	– Trainieren von verbaler Genauigkeit; – Wiederholen von Lerninhalten; – Zum Verbessern der Ausdrucksfähigkeit; – Zur Förderung der Zuhörkompetenz.
Durchführung	Methode erklären: – Die Teilnehmer werden in zwei gleich große Gruppen eingeteilt. Jede Gruppe stellt abwechselnd einen Teilnehmer, der vom Trainer eine Moderationskarte erhält, auf der ein Begriff oder ein Merksatz steht. Der Teilnehmer erklärt oder beschreibt nun den Begriff ohne den Einsatz von Armen und Händen. Beide Gruppen dürfen raten. Die Gruppe, die den Begriff als erstes erraten hat und dies durch Zuruf kundtut, bekommt einen Punkt. Errät die Gruppe des Erklärenden den Begriff, bekommt sie einen Bonuspunkt. Nennt der Erklärende den Begriff oder den Wortstamm, bekommt die andere Gruppe einen Punkt.
Zeit	Ca. 15 bis 45 Minuten
Teilnehmer	Pro Gruppe max. 7 Teilnehmer
Materialien	So viele Moderationskarten mit Begriffen oder Merksätzen wie Teilnehmer.
Erfahrungen / Mögliche Stolpersteine	– Nach 10 bis 15 Begriffen können sich die Teilnehmer nicht mehr konzentrieren → kurze Pause, Standortwechsel; – Die Teilnehmer verwenden oft einen Begriff oder Wortstamm → schnelles Ende.
Integration	– Die Methode eignet sich zur Wiederholung des Lerngebietes nach einer Einheit oder zur Festigung der Lerninhalte vor Klassenarbeiten; – Zusammengehörigkeitsgefühl kann gestärkt werden; – Konzentrationsbereitschaft ist durch den Wettbewerbscharakter erhöht.

Pro und Contra

Einsatzmöglichkeiten	– Zur Sammlung von Argumenten als Einstieg in ein Thema; – Zur Lernzielkontrolle; – Um Gegenpositionen herauszuarbeiten; – Bei kontrovers diskutierten Themen in der Lerngruppe; – Um unreflektierte Standpunkte zu einem Problemfeld festzuhalten.
Lernziele	– Verschiedene Aspekte eines Themas erschließen; – Konzentrations- und Formulierungsfähigkeiten entwickeln; – Aktivität zur Erarbeitung von Inhalten erzeugen; – Bekanntes Wissen einbringen; – Argumente für und gegen die eigene Überzeugung finden; – Sich in eine andere Argumentation hineinversetzen; – Dem Gegenüber zuhören; – Bei festgelegter Argumentation (auch Vorurteile) zum Umdenken anstoßen.

Durchführung	– Das Thema muss in sich spannungsreich oder konfliktbeladen sein;
	– Methode erläutern und Aufgaben klar stellen;
	– Thema deutlich ansagen und These pointiert formulieren und visualisieren;
	– Gruppe in Pro- und Contra-Teilnehmer nach dem Zufallsprinzip einteilen, 3 bis max. 6 Teilnehmer in eine Gruppe;
	– Festlegen der Beobachter, die die ausgetauschten Argumente mitprotokollieren (Personen, die nicht im Pro und Contra-Spiel agieren);
	– Jede Gruppe denkt sich kurz in ihre Sicht des Themas ein (für und wider);
	– Spielregeln:
	  1. Die erste Person der Pro-Partei setzt ihr Argument;
	  2. Die erste Person der Contra-Partei nimmt dieses Argument auf (paraphrasieren), um es dann mit einem Argument zu widerlegen bzw. weiterzuführen;

	3. Die zweite Person der Pro-Partei nimmt das neue Argument auf, paraphrasiert und entkräftet dieses mit einem weiterführenden Pro-Argument usw. 4. Nach Ablauf der ersten Runde tauschen die Parteien ihre Plätze → aus der Pro-Partei wird die Contra-Fraktion und umgekehrt. 5. Wiederholung von Punkt 1–3. – Der Leiter achtet konsequent auf die Einhaltung der Spielregeln; bei reifen Gruppen kann die Rolle der Leitung an Teilnehmer abgegeben werden; – Zum Abschluss werden die Argumente inhaltlich bewertet, die These auf ihre Stichhaltigkeit überprüft und ggf. verifiziert bzw. neu formuliert.
Zeit	Je nach Teilnehmern bei den Fraktionen 15 bis 30 Minuten
Teilnehmer	Kleingruppe bis Klassenstärke
Materialien	– Visualisierte These; – Setting für das Pro- und Contra-Spiel (Stühle, Kennzeichnung der unterschiedlichen Fraktionen); – Papier (Streifen günstig für anschließende Visualisierung) und Stifte für Protokollanten oder Folien, Flipcharts, etc. – Evtl. Moderationswände/Metaplantafel für die anschließende Auswertung.
Erfahrungen / Mögliche Stolpersteine	– Aufgabe nicht deutlich und klar formuliert; – These ist nicht kontrovers zu diskutieren; – Leiter achtet nicht auf Einhaltung der Spielregeln; – Teilnehmer opponieren gegen die strikte Rollenvorgabe und den Rollentausch → Überzeugungsarbeit muss geleistet werden, da der Rollentausch den größten Lerneffekt bringt; – Teilnehmer behandeln das Thema mangels Wissen oberflächlich, stammtischgemäß → evtl. nach Lerneinheit wiederholen, um den Unterschied zwischen Stammtischniveau und Wissen deutlich zu machen; – Teilnehmer legen mehr Wert auf die Selbstdarstellung als auf die inhaltlichen Argumente → stufenweise in die Methode einführen, wenn sehr problematischer Punkt erreicht: abbrechen.

Integration	Die Argumente werden ausgewertet und ggf. im Anschluss in einer anderen Arbeitsform vertieft.
Persönliche Notizen	Beispiel für eine mögliche These: „Die Familie ist für die Entwicklung der Jugendlichen entbehrlich!"

Quadro-Methode

Einsatzmöglichkeiten	– Zur Aktivierung von Teilnehmern; – Zum Kennenlernen; – Zur Meinungsbildung; – Zum Abschluss einer Lerneinheit.
Lernziele	– Teilnehmer tauschen sich aus; – Teilnehmer überprüfen ihre eigene Meinung im Dialog mit den anderen Teilnehmern; – Aktiven Meinungsaustausch anregen, Argumente zur Begründung suchen.
Durchführung	– Zum Thema werden die vier Ecken des Rahmens gestaltet, z. B. Plakate, Aussagen, Bilder; – Die Teilnehmer informieren sich an allen vier Ecken; – Die Teilnehmer ordnen sich der Aussage, dem Bild, dem Plakat zu, der/dem sie zustimmen (Variante: die/das sie vollkommen ablehnen); – In den gebildeten Kleingruppen in den vier Ecken diskutieren die Teilnehmer, wie sie zu der gewählten Aussage, dem gewählten Bild, dem Plakat stehen und was sie dabei bewegt; – Die Kleingruppe einigt sich auf einen Gruppensprecher für das Plenum.
Zeit	– Orientieren ca. 4 Minuten; – Diskutieren ca. 5 bis 10 Minuten.
Teilnehmer	Kleingruppe bis Klassenstärke
Materialien	Aussagen, Bilder, Plakate oder Arbeitsaufträge für die vier Ecken
Erfahrungen / Mögliche Stolpersteine	Eine Person steht an einer Ecke alleine → Leitung kann sich dazugesellen, damit die Entscheidung nicht nach der Gruppengröße getroffen werden muss.
Integration	– Besprechung der zusammengefassten Diskussionen im Plenum; – Jede Ecke malt ein Bild zu ihren Gedanken; – Jede Ecke führt einen Sketsch auf; – Evtl. abschließende Bewertung.

Reporter	
Einsatzmöglichkeiten	– Zum Einstieg in ein Thema; – Zur Informationsbeschaffung; – Zum Erfassen von Wissen, Meinungen, Interessen; – Zur Wiederholung von Lerninhalten.
Lernziele	– Aktivierung der Teilnehmer; – Alle Teilnehmer können sich austauschen; – Stärkung der Ausdrucksfähigkeit; – Scheu überwinden, andere anzusprechen.
Durchführung	– Jeder Teilnehmer erhält ein Blatt mit Fragen; – Jeder schlüpft in die Rolle eines Reporters und muss möglichst viele Menschen interviewen; – Es bilden sich nun kurzzeitig Paare, die sich gegenseitig ihre Fragen stellen und dann auseinander gehen, um einen neuen Partner zu befragen; – Nach Abschluss der Interviewphase werten die einzelnen Reporter ihre Ergebnisse aus; – Im Plenum werden die Ergebnisse vorgestellt.
Zeit	Je nach Arbeitsauftrag zwischen 5 und 15 Minuten
Teilnehmer	Kleingruppe bis Klassenstärke
Materialien	Vorbereitete Interviewbogen
Erfahrungen / Mögliche Stolpersteine	Lautstärke → im Nebenzimmer ggf. über die anstehende Aktion Bescheid sagen.
Integration	Weitere Arbeitsformen, um das Thema zu vertiefen.
Persönliche Notizen	

Reporter   Beispiel

Thema: Beispiel für Einsatz in der Lehrerfortbildung

Ist schon mehr als 10 Jahre im Schuldienst?	Ist noch nie bei einer Veranstaltung in dieser Institution gewesen?
Setzt selbst „neue Unterrichtsmethoden" ein?	Hat schwarze Haare?
Hat einen Partner, dessen Namen mit A, E oder S anfängt?	Hat mehr als eine Berufsausbildung?
Hat den Film „Doktor Schiwago" schon einmal gesehen?	Unterrichtet in mehr als 3 Fächern?
Kennt einen Prominenten persönlich?	Kann mit dem Internet umgehen?
Ist begeisterter Spieler eines Musikinstrumentes?	Hat schon einmal einen Lehrgang zum Thema „neue Unterrichtsformen" besucht?
Hat schon einmal eine Lehrerfortbildung geleitet?	Ist ein guter Skifahrer?

Referat / Vortrag / Präsentation	
Einsatzmöglichkeiten	– Zur Informationsaufnahme; – Wenn wenig Zeit zur Verfügung steht; – Wenn die Gruppe aufnehmen kann.
Lernziele	– Informationen aufnehmen; – Menschen zuhören und Inhalten im Zusammenhang folgen können; – Neue Kenntnisse erwerben; – Die innere Komplexität eines Inhaltes erkennen; – Zum Weiterdenken anregen; – Konzentrationsfähigkeit trainieren.

Durchführung	– Gute Vorbereitung des Referates:
	  • an die Situation, das Vorwissen der Teilnehmer anknüpfen;
	  • klar strukturieren.
	– Vorgehensweise:
	  • Zu Beginn einen Überblick über das Referat geben / Gliederung visualisieren;
	  • Nicht länger als 20 Minuten sprechen → Aufnahmekapazität ist dann erschöpft;
	  • Stilmittel (rhetorische Frage, Metaphern, Steigerungen, Vergleiche etc.) einbauen;
	  • Zuspitzung auf den wesentlichen Punkt;
	  • Ziel klar herausstellen;
	  • Mit Fachausdrücken sparsam umgehen → ggf. übersetzen;
	  • Langsam sprechen / klar artikulieren / Stimme modulieren;
	  • Körpersprache beachten (Mimik, Gestik, Blickkontakt);
	  • Am Schluss das Wichtigste zusammenfassen;
	  • Vortrag durch Visualisierung beleben (Anschauungsmaterial, Folien, Power-Point-Präsentationen, Präsentationswände);
	  • Evtl. Manuskript (Hand-out) ausgeben.

Zeit	– Nicht länger als 20 Minuten; – Bei einem längeren Vortrag Pause einlegen (vgl. Impulsreferat).

Teilnehmer	Kleingruppe bis beliebig

Materialien	– Visualisierungen:
	  Tafeln, Overhead-Projektor, Beamer, Material,
	  Diaprojektor, Flipchart, Stifte;
	– Räumlichkeiten prüfen (z. B. Verdunklungs-
	  möglichkeit);
	– Bei Bedarf Manuskript.

**Erfahrungen /
Mögliche Stolpersteine**
	– Niveau der Teilnehmer nicht erreicht → auf
	  Teilnehmer achten und entsprechend reagieren;
	– Teilnehmer können sich nicht konzentrieren
	  (Störungen von innen oder außen) → evtl.
	  thematisieren.

Integration	– Weiterarbeit mit konkreten, handlungsorientierten
	  Arbeitsaufträgen;
	– Aufarbeitung in einer anschließenden Gesprächs-
	  runde, wo Fragen und Ergänzungen angebracht
	  werden können.

Persönliche Notizen	

Risiko

Einsatzmöglichkeiten	– Zur Vertiefung eines Lerngebietes; – Zur Erarbeitung neuer Lerninhalte; – Zur Wissenssicherung, z. B. als Lernzielkontrolle.
Lernziele	– Selbstbewertung der individuellen Leistungsfähigkeit; – Soziale Kompetenz fördern; – Selbstwertgefühl erhöhen.
Durchführung	– Methode erklären; – Gesamtthema anmoderieren; – Großgruppe in Kleingruppen bzw. Teams unterteilen; – Ein Team / eine Gruppe wählt aus der vorbereiteten Risikowand einen Themenbereich und eine Punktezahl; – Die Fragestellung befindet sich auf der Rückseite mit 3 möglichen Antworten; das Team / die Gruppe entscheidet sich für eine Antwort und bekommt – sofern richtig geantwortet – die Punktezahl gutgeschrieben; – Das Team / die Gruppe wählt so lange Themengebiete und Punktezahlen weiter aus und bekommt so lange Punkte gutgeschrieben, bis eine Frage nicht richtig beantwortet wird; – Die nächste Gruppe bzw. das nächste Team wählt nun ein Themengebiet und so weiter; – Das Spiel ist beendet, wenn alle Punktezahlen aus allen Gebieten aufgedeckt sind.
Zeit	30 Minuten und länger
Teilnehmer	Kleingruppe bis Klassenstärke
Materialien	– Vorbereitete Risikowand; – Evtl. Prämien für die Gewinner.
Erfahrungen / Mögliche Stolpersteine	Zu große Gruppen führen zu langen Diskussionen über die möglichen Ergebnisse.
Integration	– Zum Abschluss einer Lerneinheit; – Weiterarbeit an Themengebieten, bei der die Großzahl der Teilnehmer Unsicherheiten zeigte, z. B. in einem Rundgespräch, einem Gruppenpuzzle, einer Gruppenarbeit.

Risiko   Beispiel

Thema: Politische Willensbildung in der Bundesrepublik Deutschland

Demokratie-systeme	Parteien	Wahlen	Medien	Regierungs-bildung
50 Punkte	50 Punkte	50 Punkte	50 Punkte	50 Punkte
100 Punkte	100 Punkte	100 Punkte	100 Punkte	100 Punkte
150 Punkte	150 Punkte	150 Punkte	150 Punkte	150 Punkte
200 Punkte	200 Punkte	200 Punkte	200 Punkte	200 Punkte

Risiko   Beispiel

Politische Willensbildung in der Bundesrepublik Deutschland

Demokratie-systeme	Parteien	Wahlen	Medien	Regierungs-bildung
Volksentscheide sind in der Bundesrepublik Deutschland möglich zur a) Abwahl des Bundespräsidenten b) Neugliederung der Länder c) Senkung der Steuern	Eine Gruppe ist als Partei anerkannt, wenn sie a) ein Programm und eine Organisation vorweist b) bekannte Politiker für sich gewinnen kann c) genügend Einnahmen zur Finanzierung ihrer Vorhaben nachweisen kann	Das Wahlsystem zum Bundestag ist ein a) reines Mehrheitswahlsystem b) modifiziertes Mischwahlrecht c) personalisiertes Verhältniswahlrecht	Die Talkshows im Fernsehen sind bei Politikern beliebt, weil sie a) dafür gut bezahlt werden b) im Bundestag zu selten zu Wort kommen c) sich einer großen Zuschauermenge präsentieren können	An der Wahl des Bundespräsidenten sind beteiligt a) Bundestag und Bundesrat b) alle, die ihr Wahlrecht zum Bundestag ausgeübt haben c) die Bundesversammlung
Bürgerinitiativen haben die Aufgabe a) Entscheidungen der gewählten Volksvertreter zu widerrufen b) die Regierungen zu kontrollieren c) den Willen der Bürger unmittelbar zum Ausdruck zu bringen	Parteien haben die Aufgabe a) in der Öffentlichkeit für die Regierungsarbeit zu werben b) Kandidaten für die verschiedenen Wahlen zu finden und aufzustellen c) ihre Finanzüberschüsse an allgemeinnützige Einrichtungen abzugeben	Bei der Bundestagswahl dient die Zweitstimme a) dem Ersatz bei Verlust der Erststimme b) der doppelten Stimmabgabe für Ehepaare c) der Feststellung der Zusammensetzung des Bundestages	Aufgabe der Presse ist es a) die Bürger umfassend und objektiv zu informieren b) durch Enthüllungen Politiker bekannt zu machen c) durch Kommentare den Bürger in seiner politischen Meinung zu lenken	Der Bundeskanzler kann abgewählt werden, wenn a) die Oppositionsparteien ein konstruktives Misstrauensvotum erfolgreich durchführen b) die Oppositionsparteien ein Volksbegehren und eine Volksabstimmung einleiten c) der Bundespräsident dem Bundeskanzler das Vertrauen entzieht

Politische Verbände sind für eine Demokratie bedeutsam, weil sie	Mitglieder einer Partei sind verpflichtet	Wahlen haben die Aufgabe		Welcher Bundeskanzler wurde aufgrund eines konstruktiven Misstrauensvotums 1982 abgewählt
a) für jeden Bürger offen sind b) die Bedürfnisse ihrer Mitglieder öffentlich artikulieren c) Kandidaten für die Wahlen aufstellen	a) den Anordnungen der Vorstandschaft Folge zu leisten b) regelmäßig Beiträge zu zahlen c) sich bei Wahlkämpfen aktiv zu beteiligen	a) den Willen der Bevölkerung zum Ausdruck zu bringen b) den Abgeordneten zu zeigen, wie beliebt sie sind c) die hohen Kosten des Regierungssystems zu legitimieren	JOKER	a) Willy Brandt b) Helmut Schmidt c) Helmut Kohl
Totalitäre Herrschaftssysteme sind abzulehnen, weil sie	Ein Parteienverbot ist möglich, wenn		Zeitungsverbote sind in einer Demokratie nicht statthaft, weil	Die Bundesminister üben ihr Mandat aus, solange
a) den Bürger von oben dirigieren b) mehr Geld kosten als demokratische Herrschaftssysteme c) ständig durch Bürgeraufstände bedroht sind	a) das Bundesverfassungsgericht ein entsprechendes Urteil verkündet b) der Bundestag mit Zweidrittelmehrheit es beschließt c) Bundesrat und Bundestag dem Antrag der Bundesregierung zustimmen	JOKER	a) Rundfunk und Fernsehen deren Aufgaben übernehmen würden b) die Anzeigenkunden aus der Wirtschaft verprellt werden würden c) der Bürger sich keine umfassende Meinung mehr bilden könnte	a) sie das Vertrauen des Bundestages genießen b) sie beim Volk gut ankommen c) sie die Zustimmung des Bundeskanzlers besitzen

Einsatz: Zur Lernzielkontrolle.

Schulart: Alle Schularten, in denen Gemeinschaftskunde,
                   Politik etc. unterrichtet werden.

Didaktische Vorgehensweise / Anmerkungen:

– Der Lehrende bereitet die Risikowand vor (richtige Lösung ist hier grün
  markiert).
– Die Gruppe wird in zwei oder mehrere konkurrierende Gruppen eingeteilt.
– Das Risiko beginnt:
  Variante 1: Bei jeder falschen Antwort ist die nächste Gruppe an der Reihe.
  Variante 2: Nach jeder Antwort wird gewechselt.

Zeit: Je nach Vorwissen 20 bis 45 Minuten.

Rollenspiel	
Einsatzmöglichkeiten	– Zur Aktivierung der Teilnehmer; – Zur Veranschaulichung/Verdeutlichung einer Problemstellung, einer Lebenssituation; – Zur Darstellung von Konflikten/Spiegelung von Vorgängen; – Um Problemlösungsstrategien zu erhalten; – Zur Vorbereitung für Entscheidungsprozesse; – Zur Einübung neuer Verhaltensweisen; – Zum Einstieg in einen Themenbereich; – Als Abschluss einer Lerneinheit.
Lernziele	– Teilnehmer erschließen sich Inhalte erlebnisorientiert; – Teilnehmer erfahren durch Reden und Spielen eigene und fremde Situationen des Erlebens und Verhaltens; – Teilnehmer können theoretische Kenntnisse auf die Praxis übertragen und umgekehrt; – Informationen und Erfahrungen werden spielerisch dargestellt; – Teilnehmer lernen sich in eine bestimmte Rolle einzufühlen; – Teilnehmer dürfen ungeübte Verhaltensweisen entdecken und spielen; – Teilnehmer dürfen „Probehandeln", viel Raum für kreative Impulse; – Teilnehmer können eigene Gefühle, Bedürfnisse und Vorstellungen einbringen; Hemmungen können abgebaut werden; – Teilnehmer erweitern ihre soziale Kompetenz; – Teilnehmer verdeutlichen, klären, reflektieren Sachzusammenhänge; – Teilnehmer finden eigene Wertmaßstäbe und gewinnen an Sicherheit; – Teilnehmer erkennen Zusammenhänge zwischen Spielverhalten und Alltagswirklichkeit, überprüfen dies und ziehen Folgerungen.
Durchführung	– Einführen in das Thema; – Situation präzise beschreiben;

- Klare und eindeutige Formulierungen verwenden;
- Genaue Rollendefinition der einzelnen Spielpartner festlegen;
- Teilnehmer mit fremden Namen in die Rolle schicken;
- Nach der Spielphase Rollenträger wieder aus ihrer Rolle entlassen.

Mögliche Varianten bei der Vorgabe zum Rollenspiel:

1. Rollen sind klar definiert, allen Teilnehmern sind alle Rollen bekannt/die Situation ist geschlossen; Teilnehmer erhalten eine genaue Darstellung einer Situation mit exakten Rollenangaben und Text.
2. Rollen klar definiert, nicht jeder Spieler erhält die gleiche Information (Zusatzinformationen für bestimmte Rollen)/die Situation ist geschlossen.
3. Rollen sind klar definiert, allen sind diese bekannt/ Situation offen;Teilnehmer erhalten ein grobes Raster der Situation, füllen diese dann aber selbst aus.
4. Rollen nicht definiert/Situation geschlossen; Teilnehmer erhalten eine klare Situationsbeschreibung, bestimmen aber die Rolle der Personen selbst.
5. Rollen sind nicht definiert/Situation offen; Teilnehmer erhalten ein Thema, das noch nicht nach Rollen strukturiert ist, sammeln hierzu Ideen (Brain-storming, Brainwriting, Mind-Map, Kopfstand etc.) als mögliche Arbeitsform und setzen diese dann in eine Spielszene um.

- Die Wahl der Variante ist abhängig vom Ziel. Grundsätzlich gilt: Je offener die Situation und undefinierter die Rollen, desto größer ist die Dynamik im Spiel;
- Vorbereitung der Spielszenen in Kleingruppen.

Während des Spiels:
- Exakte Arbeitsaufträge für die Beobachter anfertigen;
- Unterschiedliche Aufgaben verteilen, da die Gesamtheit des Rollenspiels oft zu komplex für die Beobachtung ist;

	– Beobachtungsbogen erleichtern die Beobachtungs-aufgabe und das Notieren; – Beobachtungen stets schriftlich festhalten lassen → leichtere Auswertung.
Zeit	– Für das eigentliche Rollenspiel 10 bis 15 Minuten; – Vorbereitung entsprechend der Offenheit bzw. der Lenkung des Rollenspiels; – Nachbesprechung entsprechend der Aufgabe bis ca. 30 Minuten.
Teilnehmer	Kleingruppe bis Klassenstärke
Materialien	– Spielfläche/Bühne; – Rollen- und Situationsvorgaben entsprechend der Lenkung bzw. der Offenheit des Spiels; – Requisiten.
Erfahrungen / Mögliche Stolpersteine	– Ungenaue Vorgabe der Rollen und/oder der Situation; – Rollenspiel verselbstständigt sich, wird u.U. zum Jux und verliert den Lerncharakter; – Rollenspiel wird zu lange ausgespielt und es bleibt bei der anschließenden Bewertungsrunde nichts mehr zu sagen → am Höhepunkt Spiel abbrechen, so dass noch eine Dynamik in der Gruppe für die Nachbesprechung verbleibt; – Spielbereitschaft bei den Teilnehmern noch nicht genügend vorhanden; – Nur die aktiven Spieler beteiligen sich an der Gesprächs-runde → alle Teilnehmer müssen während des Spiels beschäftigt sein (Beobachterrollen); – Zu lange Zeitvorgaben bei der Vorbereitung, sie ermöglichen den Teilnehmern theoretische Lösungs-konzepte zu entwickeln, die für die Spontanität und den Lerneffekt im Spiel kontraproduktiv sind; – Zeitaufwand für die Entscheidung, wer welche Rolle spielt → Teilnehmer ermutigen, jedoch nicht zwingen. Auf zögernde Signale achten! – Mangelhaftes Vertrauensklima in der Gruppe → Gruppe muss sich kennen, sonst oft Vorbehalte; – Teilnehmer aus ihren Rollen bewusst entlassen.

Integration	– Auswertung im Rundgespräch: – Zu Beginn haben die Akteure das Wort: wie ist es mir im Spiel/in der Rolle ergangen → hier wird der Spielcharakter nochmals deutlich und die Spieler haben die Chance, sich von ihrer Rolle zu distanzieren; – Eindrücke der Beobachter abfragen; – Auswertung der Inhalte; hierbei ergeben sich manchmal andere Lösungen, die wiederum durch ein Rollenspiel verdeutlicht werden können.
Persönliche Notizen	

Rollenspiel   Beispiel

Thema: Erziehungsstile

Bereiten Sie in Kleingruppen je ein Rollenspiel vor.

Klären Sie den Spielverlauf und die Rollen der Spieler. Arbeiten Sie die Rollen des Erziehers und die Rolle des Kindes gut heraus.
Jedes Spiel sollte ca. 5 Minuten dauern.

1. Rollenspiel: Autoritäre Erziehung

Der Erzieher ist unnachgiebig, spricht im Befehlston, wirkt unpersönlich, hat feste Zielvorstellungen, übernimmt für alles Verantwortung und erwartet blinden Gehorsam. Er arbeitet mit Zwang und verteilt harte Strafen.

2. Rollenspiel: Demokratische Erziehung

Der Erzieher zeigt sich partnerschaftlich, orientiert sein Ziel am Wohl des Kindes, leitet an, ist verständnisvoll, ermutigt, berät, lobt und tadelt sachbezogen.
Er möchte Verhaltensweisen beim Kind durch Einsicht erreichen.

3. Rollenspiel: Laissez-faire Erziehung

Der Erzieher zeigt keine Beziehung zum Erziehenden und gibt ihm keine Grenzen vor. Er lässt das Kind gewähren, ist passiv, wenig anregend und bewertet das Tun des Kindes nicht. Er möchte die vollkommen freie Entfaltungsmöglichkeit des Kindes nicht verhindern.

Beobachtungsaufgabe für die Zuschauer:
Notieren Sie sich die Verhaltensweisen, die die Kinder aufgrund des Verhaltens des Erziehers zeigen.

Nachdem die Spieler aus ihren Rollen entlassen wurden, werden in einem Rundgespräch die möglichen Verhaltensfolgen bei den unterschiedlichen Erziehungsstilen erarbeitet und vertieft.

Einsatz: Zur Erarbeitung und Vertiefung von Lerninhalten.

Schulart: Berufliche Schulen, Erziehungslehre, Berufsfachschule für Kinderpflege.

Didaktische Vorgehensweise / Anmerkungen:
- Ziel ist es, durch das Rollenspiel bestimmte Sachverhalte und unterschiedliche Sichtweisen aufzuzeigen und methodisches und soziales Können zu trainieren.
- Bei der Aussprache im Plenum werden die Spiele kritisch reflektiert, nicht jedoch die Spieler.
- Für die Spieler ist es sehr wichtig, dass sie in die fremde Rolle schlüpfen können und am Ende wieder aus der Rolle entlassen werden. Dies geschieht am besten durch Verteilung von Rollennamen. Bei der Reflexion wird dann der Rollenname benutzt, nicht der Name der Spieler.

Zeit: 90 Minuten

Rundgespräch	
Einsatzmöglichkeiten	– Zu Beginn einer Arbeitseinheit/Anfangsrunde; – Zur Vertiefung eines Themas; – Zum Abschluss eines Themas; – Bei Stocken innerhalb eines Themas; – Bei Konfliktsituationen.
Lernziele	– Im Plenum gemeinsam eine Frage erörtern; – Anderen zuhören und selbst in einer größeren Gruppe reden und sich durchsetzen können (Selbstvertrauen wird gesteigert); – Offenheit trainieren; – Einen Gedankenprozess auf den Weg bringen und ein gemeinsames Ergebnis erarbeiten; – Andere Meinung respektieren und verstehen.
Durchführung	– Der Moderator übernimmt die formale Diskussionsleitung; – Alle Beteiligten sitzen im Kreis (jeder kann jeden sehen); – Der Moderator führt in das Thema ein; – Das gut formulierte Thema und das Ziel werden genannt; – Der Moderator versichert sich, dass allen Teilnehmern klar ist, worüber gesprochen werden soll; – Der Moderator führt in einer ersten Runde das Gespräch frei (ohne starke Lenkung), so dass möglichst viele Teilnehmer die Chance haben sich zu äußern; – Der Moderator ordnet die Gesprächsbeiträge zu Teilaspekten, er strukturiert das Gespräch; – Der Moderator übernimmt die Führung der Rednerliste; – Der Moderator formuliert Zwischenergebnisse/Gesamtergebnisse; – Der Moderator erklärt bei Bedarf einzelne Punkte genauer; – Der Moderator arbeitet kontroverse Auffassungen heraus; – Der Moderator spiegelt das Verhalten der Gruppe; – Der Moderator schließt die Runde mit einer Zusammenfassung des Ist-Zustandes der Diskussion.

Zeit	30 bis 60 Minuten, je nach Thema und Anzahl der Teilnehmer
Teilnehmer	Kleingruppe bis Klassenstärke
Materialien	– Evtl. visualisiertes Thema – für alle sichtbar; – Moderationswand / Metaplantafel, Flipchart, Stifte zur Ergebnissicherung.
Erfahrungen / Mögliche Stolpersteine	– Moderator verliert den Überblick über die inhaltliche Entwicklung des Gesprächs; – Moderator achtet nicht auf die einzelnen Gruppenteilnehmer oder die Gruppe als Ganzes; – Moderator engagiert sich inhaltlich zu stark; – Die Gruppenteilnehmer sind undiszipliniert in der eigenen Beitragslänge und / oder im Zuhören anderen Beteiligten gegenüber.
Integration	– Ergebnisse werden evtl. in Gruppenarbeit vertieft, differenziert behandelt und in die Tat umgesetzt.
Persönliche Notizen	

Sandwich-Methode

Einsatzmöglichkeiten	– Zur Erarbeitung neuer Lerninhalte; – Zur Vertiefung von Lerninhalten; – Wenn sich ein Lerngebiet in mehrere Lerngebiete aufteilen lässt.
Lernziele	– Eigene Vorkenntnisse, Erfahrungen und Fragen zu einem Inhalt wahrnehmen und artikulieren; – Informationen aufnehmen und mit eigenen Vorkenntnissen und Erfahrungen verknüpfen; – Informationen überprüfen und neue Informationen in die Arbeit integrieren; – Teamgeist entwickeln bzw. verbessern.
Durchführung	– Thema deutlich ansagen / anmoderieren; – Aufteilung der Großgruppe in mehrere Kleingruppen; – Methode erläutern: Arbeitsaufträge ausgeben: arbeitsgleich oder arbeitsteilig: **1. Schritt:** Kleingruppenarbeit: Die Teilnehmer halten die in ihrer Kleingruppe erarbeiteten Ergebnisse schriftlich fest; **2. Schritt:** Kurzreferat durch den Lehrer: Das Gesamtthema wird unter fachlichen oder systematischen Gesichtspunkten behandelt. Es können aber auch ganz spezielle Teilgebiete Inhalt des Referats sein; **3. Schritt:** Kleingruppenarbeit: Die Kleingruppen vergleichen ihre eigenen Überlegungen mit den Aussagen des Referats und entwickeln ihre Arbeitsergebnisse weiter (überprüfen – ändern – abrunden – vertiefen); **4. Schritt:** Plenum: Die Gruppenergebnisse werden präsentiert, ausgetauscht und im Blick auf das Gesamtthema nochmals vertieft.
Zeit	– 1. Kleingruppenarbeit (1. Gesprächsphase) 15 bis 30 Minuten je nach Themenstellung;

	– Kurzreferat ca. 15 Minuten; – 2. Kleingruppenarbeit (2. Gesprächsphase) 20 bis 30 Minuten; – Plenum ca. 30 Minuten oder länger.
Teilnehmer	Kleingruppe bis Klassengröße
Materialien	– Fragestellung auf Flip-Chart, Tafel, Moderations- wand, Arbeitsblatt oder Folie visualisieren; – Evtl. Material zur Erarbeitung des Themas; – Evtl. Material für Präsentationen.

**Erfahrungen /
Mögliche Stolpersteine**
	– Die Aufgabenstellung ist nicht deutlich und klar
	  formuliert;
	– Die Aufgabenstellung wurde nicht visualisiert;
	– Unter Umständen sind die Kleingruppen zur festge-
	  legten Zeit noch nicht mit ihrem Arbeitsauftrag fertig
	  und reagieren missmutig. Hier kann es sinnvoll sein,
	  den Teilnehmern klar zu machen, dass der nächste
	  Schritt, das Referat, wichtig ist, um insgesamt weiter-
	  kommen zu können.

Integration	– Die Sandwich-Methode kann eine ganze Arbeits- einheit/Unterrichtseinheit ausfüllen.
Persönliche Notizen	

Sandwich-Methode   Beispiel

Thema: Motivation

Sandwich Teil 1:

Einführung durch ein Plakat (Karikatur).
Diskutieren Sie in einer Kleingruppe (max. 5 Personen) Ihre persönlichen
Einstellungen zum Lernen und zur Arbeit. Welche Motive leiten Sie?
Halten Sie die unterschiedlichen Motive schriftlich fest.
Zeit: 15 Minuten

Sandwich Teil 2:

Referat mit Visualisierung zu 2 Motivationstheorien:
– Bedürfnispyramide nach Maslow und das
– Motivationsmodell von Porter und Lawler
Handout austeilen
Zeit: 20 Minuten

Sandwich Teil 3:

Integrieren Sie das Gehörte in Ihre gemachten Aufzeichnungen und erarbeiten Sie in der Kleingruppe, wie Sie in Ihrem Betrieb Mitarbeiter motivieren können. Spüren Sie möglichen Chancen und Widerständen nach.
Bereiten Sie eine kurze Präsentation im Plenum vor, bestimmen Sie Ihren Gruppensprecher.
Zeit: 30 Minuten

Präsentation der Gruppenergebnisse

Zeit: Pro Gruppe ca. 5 Minuten

Diskussion der Gruppenergebnisse und Weiterführung im Plenum

Einsatz: Zur Erarbeitung von Lerninhalten.

Schulart: Berufliche Schulen, Fachschule für Organisation und Führung.

Didaktische Vorgehensweise- / Anmerkungen:

– Wichtig ist, dass die Arbeitsaufträge sorgfältig formuliert und schriftlich an die Lernenden ausgegeben werden.
– Weitere Informationen: siehe Methodenblatt.

Zeit: Ca. 90 Minuten

Stationen lernen / Lernzirkel

Einsatzmöglichkeiten	– Zur Erarbeitung neuer Lerninhalte; – Zur Vertiefung eines Lerngebiets; – Wenn sich ein Lerngebiet in mehrere Lerninhalte aufteilen lässt.
Lernziele	– Selbstständig Wissen aneignen; – Selbstständig Texte erarbeiten; – Selbstständig Lernerfolg überprüfen; – Einüben von Kooperationsfähigkeit und Team fähigkeit; – Stärken von Verantwortung; – Vernetzung von Teilgebieten erkennen.

Durchführung	**1. Vorbereitung:**
	– Thema in Lernschritte (Stationen) gliedern;
	– Neben „Pflichtstationen" nach Möglichkeit auch „Kürstationen" und „Erholungsstationen" einrichten;
	– Die gewählten Stationen vorbereiten;
	– Arbeitsaufträge der einzelnen Stationen klar formulieren;
	– Stationen ansprechend und multisensorisch gestalten;
	– Geforderte Leistung/Aufgabe benennen;
	– Klare Zeitvorgaben geben;
	– Abgabetermine und geplante Leistungsüberprüfung bekannt geben.
	
	2. Durchführung im Unterricht:
	– Einführungsstunde – ermöglicht einen Überblick über das Lerngebiet:
	  • Pflichtbereich und Kürbereich (enthält vor allem Material zum Üben, zur Entspannung, Entlastung ...) klar definieren;
	  • Form der Präsentation der Ergebnisse festlegen;
	  • Klärung der Leistungsbemessung.
	– Arbeiten der Schüler an den einzelnen Stationen (Partner- oder Kleingruppenarbeit):
	  • Teilnehmer legen ihre Präferenzen fest und beginnen mit der Arbeit;
	  • Schriftliches Festhalten der Arbeitsergebnisse;

	• Die Teilnehmer führen als Protokoll / Arbeits-nachweis ein „Stationenbuch". – Auswertung: • Im Plenum z. B. durch eine Präsentation oder ein Rundgespräch.
Zeit	Je nach Größe des Lerngebietes 45 Minuten oder länger; Zeit zum Aufräumen einplanen.
Teilnehmer	Einzelarbeit bis Klassenstärke
Materialien	– Schriftliche Arbeitsaufträge der einzelnen Stationen (evtl. zur Verlängerung der Haltbarkeit laminieren); – Materialien, z. B. Tonband, Videoausschnitt, Spiele, Rätsel, Arbeitsanweisungen für etwa Rollenspiel, Pantomime …
Erfahrungen / Mögliche Stolpersteine	– Unklar formulierte Arbeitsaufträge; – Unklare Zielformulierung; – Wenig ansprechende Gestaltung der Stationen; – Zu geringe Methodenkompetenz und / oder Sozial-kompetenz der Teilnehmer; – Zeitdruck (individuelles Lerntempo kann nicht eingehalten werden); – Zu wenig Stationen.
Integration	– Stationen lernen kann eine oder mehrere ganze Arbeitseinheiten ausfüllen; – Zusammenfassung der Ergebnisse / Vernetzung der Lerninhalte durch ein Rundgespräch im Plenum.
Persönliche Notizen	

Stationen lernen / Lernzirkel

Beispiel

Thema: Dreisatz

Station 1

Aussagesatz:
Die 7 Hühner von Bauer Legestall
legen in 3 Tagen 20 Eier.

Station 2

Aussagesatz:
Agathe badet gerne. Sie verbraucht
für ihre täglichen Vollbäder in der
Woche (7 Tage) 840 Liter Wasser.

Station 3

Aussagesatz:
Ben isst gerne Hamburger.
2 Hamburger kosten bei
McBäck 4,70 €.

Station 4:

Aussagesatz:
Tamara ist Sekretärin in einem
Verlag und benötigt für einen
Schreibauftrag 48 Stunden.

Stationen lernen / Lernzirkel

Beispiel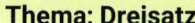

Thema: Dreisatz

Station 5:

Aussagesatz:
Auf dem Weg nach Italien geht Sven
das Benzin aus. Er hat noch
5 Liter; diese reichen erfahrungs-
gemäß noch für 55 km.

Station 6:

Aussagesatz:
Bäckermeister Michael stellt
pro Tag 250 Laib italienisches
Weißbrot her.

Station 7:

Aussagesatz:
15 Affen fressen am Tag
75 Bananen.

Station 8:

Aussagesatz:
Küchenchef Martin brät
in seiner Kantine an
5 Tagen 600 Forellen.

Stationen lernen / Lernzirkel   Beispiel

Thema: Dreisatz

Station 9:

Aussagesatz:
Mama Birgit wickelt ihr Baby
im 1. Jahr täglich 6-mal.

Station 10:

Aussagesatz:
4 Malerauszubildende benötigen
für die Renovierung einer
Wohnung 3 Tage.

Stationen lernen / Lernzirkel   Beispiel

Thema: Dreisatz

Station 1	Wie viele Eier legen 21 Hühner in 3 Tagen?
Station 2	Agathe badet nur noch an einem Tag. Wie viel Wasser braucht sie dann?
Station 3	Ben möchte seine Freunde Tim und Jo einladen. Sie bekommen jeweils auch 2 Hamburger. Wie viel muss Ben bezahlen?
Station 4	Tamara bekommt von Ute Hilfe. Wie lange benötigen sie bei gleichem Tempo zu zweit?
Station 5	Sven hatte sich getäuscht; er hat noch 7 Liter. Wie viele Kilometer kann er noch fahren?

Station 6	Wie viele Brote kann Bäckermeister Michael in einer Woche (6 Tage) herstellen?
Station 7	5 Affen verlassen den Zoo. Wie viele Bananen muss der Zoowärter pro Tag kalkulieren?
Station 8	Wie viele Forellen benötigt Küchenchef Martin an einem Tag?
Station 9	Wie oft muss Mama Birgit das Baby pro Woche wickeln?
Station 10	Ein Auszubildender wird krank. Wie lange brauchen die anderen bei gleichem Arbeitstempo?

Stationen lernen / Lernzirkel — Beispiel

Lösungen zum Thema: Dreisatz

Station 1	Wie viele Eier legen 21 Hühner in 3 Tagen? 7 Hühner – 3 Tage – 20 Eier 21 Hühner – 3 Tage – 60 Eier
Station 2	Agathe badet nur noch an einem Tag. Wie viel Wasser braucht sie dann? 7 Tage – 840 l Wasser 1 Tag – 120 l Wasser
Station 3	Ben möchte seine Freunde Tim und Jo einladen. Sie bekommen jeweils auch 2 Hamburger. Wie viel muss Ben bezahlen? 2 Hamburger – 4,70 € 6 Hamburger – 14,10 €
Station 4	Tamara bekommt von Ute Hilfe. Wie lange benötigen sie bei gleichem Tempo zu zweit? 1 Person – 48 Stunden 2 Personen – 24 Stunden
Station 5	Sven hatte sich getäuscht; er hat noch 7 Liter. Wie viele Kilometer kann er noch fahren? 5 Liter – 55 km 7 Liter – 77 km

Station 6	Wie viele Brote kann Bäckermeister Michael in einer Woche (6 Tage) herstellen? 1 Tag – 250 Brote 6 Tage – 1500 Brote
Station 7	5 Affen verlassen den Zoo. Wie viele Bananen muss der Zoowärter pro Tag kalkulieren? 15 Affen – 75 Bananen 10 Affen – 50 Bananen
Station 8	Wie viele Forellen benötigt Küchenchef Martin an einem Tag? 5 Tage – 600 Forellen 1 Tag – 120 Forellen
Station 9	Wie oft muss Mama Birgit das Baby pro Woche wickeln? 1 Tag – 6 mal 7 Tage – 42 mal
Station 10	Ein Auszubildender wird krank. Wie lange brauchen die anderen bei gleichem Arbeitstempo? 4 Personen – 3 Tage 3 Personen – 4 Tage

Einsatz: Zur Feststellung der Dreisatzkenntnisse bei Übernehmen einer neuen Klasse;
Als Lernzielkontrolle.

Schulart: Hauptschule, Berufsschule, Berufsvorbereitungsjahr.

Didaktische Vorgehensweise / Anmerkungen:
– Jede Station auf DIN A4 ausdrucken, evtl. laminieren;
– Die 10 Stationen auf unterschiedliche Tische aufbauen / auslegen;
– Klasse in Teams aufteilen / auch als Einzelarbeit möglich;
– Aufgabenblätter an Teams ausgeben;
– Kürstationen (z. B. Teller mit Süßigkeiten, 1 Station mit einer körperlichen Bewegung) einplanen;
– Teams lösen die Aufgaben in beliebiger Reihenfolge.

Zeit: Je nach Leistungsstand und Anzahl der Aufgaben.

Steckbrief

Einsatzmöglichkeiten	– Zum Kennenlernen der Gruppenmitglieder; – Charakterisierung von Personen und von Lerninhalten.
Lernziele	– Auseinandersetzung mit bestimmter Fragestellung; – Die eigene oder fremde Personen auf Wesentliches reduzieren; – Etwas von mir preisgeben.
Durchführung	– Auf einem Plakat werden durch die Leitung Struktur und Fragen vorgegeben, entweder als Anschauung oder als vorgerichteter Bogen für die einzelnen Teilnehmer; – Die Fragen orientieren sich an dem, was für die Gruppe interessant sein könnte, und sollen ein besseres Kennenlernen ermöglichen; – Genügend Visualisierungsfreiräume für die Teilnehmer lassen; – Teilnehmer erstellen ihren Steckbrief; – Im Anschluss wird dieser dem Plenum vorgestellt und die Inhalte werden kommentiert, entweder vom Teilnehmer selbst oder vom Gesprächspartner; – Die Gruppenmitglieder können ergänzende Fragen stellen → die Beantwortung einzelner Fragen sollte jedoch ohne Rechtfertigung abgelehnt werden können, um die Intimsphäre der einzelnen Teilnehmer zu wahren.
Zeit	Bei 12 Teilnehmern wird mit ca. 1 Stunde gerechnet.
Teilnehmer	Kleingruppe bis Klassenstärke
Materialien	– Vorbereitetes Packpapier für alle Teilnehmer; – Evtl. Papier, Stifte zum Selbermachen; – Evtl. DIN-A3-Bogen verwenden.
Erfahrungen / Mögliche Stolpersteine	Teilnehmer verkünsteln sich, können sich nicht rasch entscheiden und brauchen viel Zeit → Zeitwächter.
Integration	– Steckbriefe an die Wände im Arbeitsraum hängen; – Bei Steckbriefen von Persönlichkeiten aus dem Lernstoff → visualisieren und mit anderen Arbeitsformen im Stoff fortfahren.

Persönliche Notizen

Steinbeißer-Methode

Einsatzmöglichkeiten	– Zur inhaltlichen Auseinandersetzung mit bekanntem Wissen; – Zur Erarbeitung neuer Sichtweisen/Schwerpunkte; – Wenn eingefahrene Urteile/Vorurteile die Weiterarbeit stören.
Lernziele	– Aktive Beteiligung aller Teilnehmer; – Eigene Erfahrungen und Fragen einbringen; – Bereits vorhandene Sachkompetenz einsetzen; – Inhalt von mehreren Standpunkten aus wahrnehmen und einschätzen lernen; – Zuhören lernen und gegenseitige Toleranz üben; – Blockaden abbauen helfen; – Sich kritisch äußern lernen; – Gemeinsame Basis in bestimmten Bereichen erarbeiten.
Durchführung	– In das Thema einführen, Thema problematisieren; – Die Teilnehmer sitzen im Kreis; – Die Teilnehmer formulieren/notieren Stolpersteine (Probleme mit einem Sachverhalt) in Einzelarbeit, Tandems oder Kleingruppen auf Moderationskarten und legen diese „Steine" vor sich in die Runde; – Stolpersteine nacheinander abarbeiten (an die Moderationswand heften) und durch Regeln/ Tipps ersetzen.
Zeit	Richtet sich nach der Aufgabenstellung, ca. 30 Minuten
Teilnehmer	Kleingruppe bis Klassenstärke
Materialien	– Arbeitsauftrag: klar formuliert und visualisiert; – Moderationskarten („Steine"), Stifte, Moderationswände.
Erfahrungen / Mögliche Stolpersteine	– Ungeordnete Gesprächsführung in der Runde; – Runde zu groß → evtl. in 2 Halbgruppen teilen; – Zu viele Probleme zu einem Sachverhalt → in Tandems oder Kleingruppen arbeiten lassen; – Gruppenmitgliedern fehlt es an gegenseitiger Toleranz;

	– Gruppenmitglieder wagen es nicht, ihre Probleme zu artikulieren.
Integration	– Die Ergebnisse sind bearbeitet und können so stehen bleiben; – Komplexe Probleme können in anschließender Gruppenarbeit noch vertieft und weiter bearbeitet werden.
Persönliche Notizen	

Stichwortgeschichte

Einsatzmöglichkeiten	– Zum Trainieren der sprachlichen Fähigkeiten; – Als Lernzielkontrolle; – Zur Vorbereitung auf Prüfungen oder Klassenarbeiten
Lernziele	– Kreativität fördern; – Konzentrationsfähigkeit trainieren; – Selbstbewusstsein und Solidarität stärken; – Lernstoff wiederholen und festigen.
Durchführung	– Methode erklären: **1.Schritt** **Einzelarbeit oder Partnerarbeit:** Jeder Schüler, jede Schülerin notiert auf zwei Karten je einen Begriff zum jeweiligen Thema. **2. Schritt** **Arbeit im Plenum:** Alle Karten werden eingesammelt und gut durchgemischt. Jeder Lernende zieht nun jeweils zwei Karten und erklärt im Sitzkreis die beiden Begriffe oder beschreibt den Zusammenhang zwischen den Begriffen mit Hilfe einer lustigen Geschichte, die beide Begriffe enthält.
Zeit	Ca. 30 bis 45 Minuten
Teilnehmer	– Einzelarbeit bis Klassenstärke (bei Klassenstärke sollen sich die Schüler zu zweit oder zu dritt auf 2 Begriffe einigen).
Materialien	– Moderationsstifte – Karten – Schachtel
Erfahrungen / Mögliche Stolpersteine	– Spielerische Art eine Lernzielkontrolle oder Wiederholung durchzuführen; – Begriffe werden doppelt genannt → zur erneuten Wiederholung nutzen, jeder formuliert / erklärt anders.
Integration	– Die Methode eignet sich zur Wiederholung von Lerngebieten nach einer Lerneinheit oder zur Festigung eines Lerngebietes vor Klassenarbeiten.

	– Als aktivierender Start eignet sie sich mit Begriffen zu einem bestimmten Motto, z. B. Verkehr, Wetter, Stimmung.
Persönliche Notizen	

Tabu

Einsatzmöglichkeiten	– Zum Wiederholen von Lerninhalten; – Als Lernzielkontrolle.
Lernziele	– Aktiv den Stoff wiederholen; – Mit Spaß lernen; – Teamfähigkeit verbessern; – Präsentation vor der Gruppe; – Ausdrucksfähigkeit fördern; – Konzentration einüben.
Durchführung	– Methode erklären (ein Beispiel vormachen); – Jeder Teilnehmer der Gruppe erhält 2 – 3 leere Tabu-Karten (bei sehr kleinen Gruppen auch mehr); – In Einzelarbeit suchen die Teilnehmer zu einem Themengebiet wichtige Hauptbegriffe (Substantive) und tragen diese jeweils in die erste Zeile der eigenen 2 – 3 Tabukarten ein; – Jeder Teilnehmer sucht nun zu seinen jeweiligen Hauptbegriffen bis zu 6 Tabu-Wörter, die den Inhalt des Hauptbegriffs optimal erklären; – Der Moderator sammelt die nun vorgefertigten Tabu-Karten ein, mischt diese und teilt sie in 2 Hälften (evtl. Dubletten aussortieren); – Die Teilnehmer werden in 2 Gruppen aufgeteilt. Jede Gruppe benennt einen „Erklärer" und einen „Kontrolleur"; **Gruppe 1** – Der „Erklärer" der Gruppe 1 beginnt; er hat 5 Minuten Zeit, seinen Mitspielern möglichst viele Hauptbegriffe verbal zu umschreiben, ohne dazu die Tabu-Worte zu verwenden. Die Teilnehmer der Gruppe 2 versuchen die Hauptbegriffe herauszufinden. Rät die Gruppe richtig, erhält sie einen Punkt. Ertappt der „Kontrolleur" der gegnerischen Gruppe den „Erklärer" dabei, dass er ein „Tabu-Wort" verwendet, erhält die gegnerische Gruppe den Punkt.

	Gruppe 2 Jetzt folgt Gruppe 2. – Das Spiel endet nach Ablauf der vorgegebenen Zeit (z. B. 5 Minuten je Gruppe). Gewonnen hat die Gruppe mit den meisten Punkten. **Variante 1:** – Die Gruppen spielen mit vom Lehrer vorbereiteten Tabu-Karten. Diese enthalten bereits Begriffe oder Begriffe und Tabu-Wörter. **Variante 2:** – Jeweils nach 1 oder 2 Karten wechselt der „Erklärer", so dass jedes Gruppenmitglied zum Zuge kommt.
Zeit	Ca. 30 bis 45 Minuten
Teilnehmer	Kleingruppe bis Klassenstärke
Materialien	Vorbereitete Tabu-Karten – unbeschrieben oder beschrieben (Variante 1).

Erfahrungen / Mögliche Stolpersteine	– Einzelne Begriffe sind zu schwer
	  → neue Tabu-Karte auswählen;
	– Streitigkeiten zwischen den Gruppen
	  → Lehrer als Schiedsrichter;
	– Inhalte des Lerngebietes noch zu unbekannt
	  → für Vorstruktur sorgen.

Integration	– Zum Abschluss einer Lerneinheit. – Weiterarbeit an Themengebieten, bei der die Großzahl der Teilnehmer Unsicherheiten aufweist, z. B. in einem Rundgespräch oder einer Gruppenarbeit.
Persönliche Notizen	

Themenliste mit Gruppenzuwahl

Einsatzmöglichkeiten	Zur Sammlung von Themen für die anschließende Arbeit in Gruppen.
Lernziele	– Eigene Themen zu einer Fragestellung formulieren; – Demokratische Regeln erfahren.

Durchführung	– Thema anmoderieren (einführen, Ziel klar machen);
	– Regeln erklären:
	  • Themen sind (Wie-)Fragen;
	  • Teilnehmer die Themen zu zweit in Ruhe auf weiße Streifen schreiben lassen;
	  • Packpapier falten (2x halbieren, 1x dritteln – es entstehen Hilfslinien/falten);
	  • Themen auf die vorbereitete Moderationswand (Themenliste) von den Teilnehmern anpinnen lassen;
	  • Teilnehmer präsentieren ihre Themen zu zweit dem Plenum.
	– Moderatoren ordnen mit dem Plenum Dubletten zu;
	– Die Teilnehmer setzen mit roten Punkten Prioritäten und wählen so die Themen aus, die in Gruppen weiter ausgearbeitet werden.

Zeit	30 bis 45 Minuten
Teilnehmer	– Kleingruppe bis beliebig; – Bei großer Teilnehmerzahl Themen in Kleingruppen finden lassen.
Materialien	– Zwei Moderationswände; – Zwei vorbereitete Themenlisten; – Moderationsmaterial (weiße Streifen, Stifte, Punkte).
Erfahrungen / Mögliche Stolpersteine	Die Teilnehmer formulieren die Themen zu weit oder zu eng.
Integration	– In Kleingruppen werden die Themen weiter bearbeitet; – Präsentation der Ergebnisse im Plenum oder auch als Marktplatz.

Themenliste · Beispiel

**Themenliste:
Konferenzgestaltung**

Themen sind
W-Fragen

1–2 Themen
pro Team

1	Wie kann man eine effektive Konferenz vorbereiten?		
2	Über welche Qualitäten sollte ein guter Besprechungsleiter verfügen?	• • •	Meier Bröckl Huber
3	Wie können Querdenker und Vordenker ermuntert und gefördert werden?	• • • •	Traub Postl Hain
4	Was gehört zu den äußeren Rahmenbedingungen einer effektiven Konferenz?	• • •	
5	Wie könnte ein äußerer Rahmen für eine effektive Konferenz aussehen?	• • •	Leh-mann Greiner Lehn
6	Wie kann man die verbindliche Umsetzung von Konferenzbeschlüssen erhöhen?		
7			
8			
9			
10			

Triade

Einsatzmöglichkeiten	– Austausch in Dreiergruppen zu bestimmten Themen; – Einübung von Lerninhalten.
Lernziele	– Alle Teilnehmer sollen sich über einen Inhalt austauschen bzw. diesen einüben können; – Freies Sprechen üben; – Zuhören üben und auf den anderen eingehen lernen; – Beobachtungsfähigkeit stärken.

Durchführung	– Eine Fragestellung/Thema/Übungsaufgabe wird visualisiert oder verbal vorgetragen;
	– Die Teilnehmer erledigen den Auftrag in Dreiergruppen, die sie frei wählen oder die nach dem Prinzip des Zufalls zusammengesetzt sein können;
	– Gemeinsame Erarbeitung des Arbeitsauftrages und Vorbereitung für die Weiterarbeit im Plenum;
	– Benennen eines Sprechers für das Plenum.
	
	Variante:
	Die Teilnehmer bekommen einen klaren Auftrag.
	– Die Großgruppe wird in Dreiergruppen aufgeteilt;
	– Jede Triade bekommt 3 Fragestellungen/Themen/Aufgaben; Thema A für Person A, Thema B für Person B, Thema C für Person C; diese werden auf Karten (z.B. Moderationskarten, Karteikarten) visualisiert.
	
	Bearbeitung der 3 Themen/Aufgaben/Fragestellungen:
	– 1. Thema:
	  • Person A erklärt Person B ihren Sachverhalt; Person C hört zu;
	  • B erklärt den von A gehörten Sachverhalt Person C; A hört zu und korrigiert ggf.
	– 2. Thema:
	  • Person C erklärt Person A ihren Sachverhalt; Person B hört zu;
	  • A erklärt den von C gehörten Sachverhalt B; C hört zu und korrigiert ggf.

	– 3. Thema:
	   • Person B erklärt Person C ihren Sachverhalt;
	     Person A hört zu;
	   • C erklärt den von B gehörten Sachverhalt A;
	     B hört zu und korrigiert ggf.

Zeit	10 bis 30 Minuten, je nach Arbeitsauftrag
Teilnehmer	Kleingruppe bis Klassenstärke
Materialien	Evtl. Arbeitsblätter mit Aufgabenformulierung
Erfahrungen / Mögliche Stolpersteine	Bei zu langer Zeitvorgabe kann Interesselosigkeit entstehen oder die Teilnehmer unterhalten sich über private Themen.
Integration	Je nach Aufgabenstellung, Aufarbeitung und Abschluss im Plenum oder mit vertiefenden Arbeitsformen weiterarbeiten.
Persönliche Notizen	

Und Tschüss

Einsatzmöglichkeiten	– Zur Verabschiedung; – Am Ende einer Arbeitseinheit.
Lernziele	– Durch Bewegung innere Beteiligung fördern; – Eigene Befindlichkeiten wahrnehmen und mitteilen können; – Übung zur gegenseitigen Akzeptanz und Rücksichtnahme; – Unsicherheiten abbauen; – Auf Mitmenschen zugehen können.
Durchführung	Methode erklären: – Alle Teilnehmer bis auf einen sitzen in einem zur Tür hin offenen Stuhlkreis. Derjenige, der steht, geht auf eine beliebige Person aus dem Kreis zu und erklärt der sitzenden Person, warum es schön war, heute mit ihr zu arbeiten, was besonders gut und was nicht so gut gefallen hat. Die sitzende Person erklärt ebenso, warum es schön war heute mit ihr zu arbeiten und was besonders gut und was nicht so gut war; – Nun gehen beide Personen in die Mitte und suchen sich jeder einzeln weitere Teilnehmer aus und erklären diesen, warum es schön war, heute mit ihnen zu arbeiten usw. – Stehen alle Teilnehmer, ruft die Spielleitung: „Und Tschüss" und alle Teilnehmer verabschieden sich und treten den Heimweg an.
Zeit	Maximal 5 bis 10 Minuten
Teilnehmer	Kleingruppe bis beliebig
Materialien	Keine
Erfahrungen / Mögliche Stolpersteine	Das Spiel kann je nach Gruppe sehr lebhaft und laut werden.
Integration	– Dieses aktive und kurzweilige Spiel ist ein wichtiges Hilfsmittel für den Leiter um zu erfahren, was den Teilnehmern besonders gut gefallen hat; – Die Übung kann auch eingesetzt werden, um positives Feedback-Geben zu trainieren;

	– Das Aufstehen von den Stühlen unterstreicht eine angenehme Aufbruchstimmung und aktiviert gleichzeitig für den Heimweg.
Persönliche Notizen	

Vernissage

Einsatzmöglichkeiten	– Zum Einstieg in ein Thema; – Als Rückmeldung von Lerninhalten; – Zur Präsentation von Lerninhalten/Arbeits-ergebnissen – vor allem bei umfangreichen Inhalten.
Lernziele	– Alle Teilnehmer können sich beteiligen und sind aktiv; – Hilft Kontakte zu knüpfen.
Durchführung	– Methode erläutern; – Die Teilnehmer bauen ihre Ergebnisse wie beim Markt der Möglichkeiten auf (z. B. auf Moderationswände, Tische, …). **Phase 1:** – Alle Teilnehmer schlendern durch die Ausstellung, um sich erste Informationen, Eindrücke zu holen; – Zu einem festgelegten Zeitpunkt treffen sich alle. **Phase 2:** – Die Teilnehmer gehen gemeinsam durch die Ausstellung und lassen sich jeweils die Ergebnisse von den Ausstellern vorführen/präsentieren; – Offene Fragen werden im Anschluss plenar besprochen.
Zeit	– 10 bis 15 Minuten für die Phase 1; – 30 Minuten und mehr für die Phase 2.
Teilnehmer	Kleingruppe bis Klassenstärke
Materialien	– Evtl. wie bei „echten" Vernissagen ein Getränk in die Hand; – Möglichkeiten/Raum für die Ausstellungsgegenstände.
Erfahrungen / Mögliche Stolpersteine	– Die Gruppe ist zu groß → Großgruppe in Kleingruppen einteilen; – Kurzfristig ziemlich laut und diffus; – Die Teilnehmer nutzen die lockere Präsentationsart auch um sich auf anderen Ebenen auszutauschen; – Die Teilnehmer nutzen diese aufgelockerte Art der Präsentation gerne, da sie sich bewegen können.

Integration	– Wichtig ist, dass die Methode nicht zum Selbstzweck losgelöst vom Kommenden steht; – In einer anschließenden Fragerunde, einem Rundgespräch, einem Fishbowl sollten entstehende Unklarheiten besprochen und ggf. vertieft werden.
Persönliche Notizen	

Wachsende Gruppe (Schneeballsystem)

Einsatzmöglichkeiten	– Austausch mit mehreren Gruppen zum gleichen Thema; – Kennenlernen von unterschiedlichen Meinungen / Schwerpunkten zu einem Thema; – Wenn erreicht werden möchte, dass sich alle Teilnehmer mit dem Ergebnis voll identifizieren (z. B.: gemeinsames Leitbild).
Lernziele	– Aktive Beteiligung aller Teilnehmer; – Eigene Erfahrungen einbringen; – Inhalt in jeder Diskussionsrunde neu bedenken und Ergebnisse verifizieren können; – Zuhören lernen und gegenseitige Toleranz üben; – Nachgeben können / sich durchsetzen können; – Gemeinsam Argumente für einen bestimmten Bereich erarbeiten.
Durchführung	– Thema benennen; – Arbeitsweise genau erklären; – Auftrag klar formulieren; **1. Schritt:** Partnerarbeit zu dem vorgegebenen Thema; **2. Schritt:** Zwei Paare treffen aufeinander – diskutieren und einigen sich auf die wichtigsten Punkte bzw. führen das Thema weiter aus; **3. Schritt:** Zwei Vierergruppen treffen aufeinander – diskutieren die gewonnenen Einsichten und einigen sich auf die wichtigsten Punkte bzw. führen das Thema weiter aus; – Präsentation im Plenum; – Ggf. Einigung im Plenum.
Zeit	– Partnerarbeit: 10 bis 15 Minuten; – Vierergruppe ca. 10 Minuten; – Achtergruppe ca. 30 Minuten; – Präsentation ca. 5 bis 10 Minuten pro Gruppe.
Teilnehmer	Kleingruppe bis Klassenstärke

Materialien	– Arbeitsauftrag schriftlich formulieren; – Papier, Stifte, Moderationswände, etc.
Erfahrungen / Mögliche Stolpersteine	– Unklarer Arbeitsauftrag; – Zu lange Diskussionen ohne Zielformulierung; – Mangelnde Disziplin.
Integration	– Rundgespräch im Plenum; – Einigung auf gemeinsame Formulierung im Plenum.
Persönliche Notizen	

Who is who?

Einsatzmöglichkeiten	– Zum Kennenlernen von Gruppenmitgliedern; – Zum Wiederholen von Lerninhalten; – Zum Erfassen von Vorwissen.
Lernziele	– Gruppenmitglieder lernen sich kennen; – Alle Teilnehmer können sich austauschen und ohne Scheu aufeinander zugehen; – Unterstützt die Kontaktaufnahme der Gruppenmitglieder.

Durchführung	– Methode erklären;
	– Jeder Teilnehmer bläst einen Luftballon auf und beschriftet diesen mit seinem Namen;
	– Die Musik wird eingeschaltet;
	– Die Teilnehmer bewegen sich bei Musik frei im Raum und spielen/werfen sich dabei die Luftballons zu. Es sollen dabei keine Luftballons den Boden berühren;
	– Nach einigen Sekunden stoppt der Leiter die Musik;
	– Jeder Teilnehmer sucht denjenigen Partner, dessen Name auf dem Luftballon steht, den er gerade in der Hand hält, und
	Variante 1:
	– Stellt sich seinem Gegenüber vor;
	– Mögliche Fragestellungen können sein:
	  • Name, Vorname;
	  • Besondere Interessen;
	  • Was interessiert mich an dieser Veranstaltung besonders;
	  • Warum habe ich diese Schulart gewählt.
	Variante 2:
	  • Stellt seinem Gegenüber klare zuvor festgelegte Fragen zu einem Themengebiet;
	  • Kann der gefundene Teilnehmer die Frage nicht beantworten, scheidet er aus;
	– Weitere Runden mit Musik folgen bis:
	  • Sich die Mehrzahl der Teilnehmer gegenseitig vorgestellt hat;
	  • Die gewählte Zeit für die beabsichtigte Lernzielkontrolle abgelaufen ist.

Zeit	Ca. 5 bis 10 Minuten oder mehr, je nach Einsatz
Teilnehmer	Beliebig
Materialien	– Pro Teilnehmer ein bunter Luftballon und Overheadstifte; – CD-Player bzw. Kassettenrekorder; – Aktivierende Musik.
Erfahrungen / Mögliche Stolpersteine	Die Teilnehmer sind übermütig und sehen nur das Spiel im Vordergrund.
Integration	Weiterarbeit am Thema mit frischer Energie.
Persönliche Notizen	

WWW-Methode

Einsatzmöglichkeiten	– Zum Einstieg in ein Lerngebiet/eine Lerneinheit/ein Lernfeld; – Zur Reorganisation von Lerninhalten; – Zur Erarbeitung neuer Lerninhalte; – Zur Wiederholung von Lerninhalten.
Lernziele	– Eigenen Einfällen zu einer Fragestellung Raum geben; – Vielfalt von Lösungsansätzen entdecken; – Förderung der Kreativität; – Förderung von Querdenken.

Durchführung	– Methode erklären;
	– Leitfrage formulieren: „Was wäre, wenn ..." bzw. formulieren lassen und visualisieren;
	– Gruppe in Triaden einteilen und Aspekte zum Thema finden lassen – ohne Wertung;
	– Aspekte gemeinsam im Plenum nach den drei Kriterien strukturieren lassen:
	  • Vorteile;
	  • Nachteile;
	  • Interessante, unbekannte, ergebnisoffene Aspekte.

Zeit	– 10 Minuten zum Sammeln der Aspekte; – 10 Minuten zum Strukturieren.
Teilnehmer	Kleingruppe bis Klassenstärke
Materialien	Tafel, Pinnwand oder Flipchart zur Strukturierung der Aspekte.
Erfahrungen / Mögliche Stolpersteine	– Wenig ansprechende Fragestellung ohne unbekanntes Potential führt zur Demotivierung; – Zu frühe Wertung bzw. Zuordnung der Aspekte führt zum Einschränken der Kreativität.
Integration	– Offene Fragen können z. B. in einem Rundgespräch vertieft werden; – Interessante, aber noch unbekannte Aspekte können als Themen für Gruppenarbeit bzw. bei komplexen Fragestellungen als Projektarbeit bearbeitet werden.

WWW-Methode — Beispiel

Thema / Aufgabe: Was wäre, wenn es morgen keine Eheschließungen mehr geben würde?

Vorteile:	Nachteile:
– Keine Scheidungen mehr möglich;	– Absicherung im Alter für die Ehe-partner entfällt;
– Streitigkeiten würden nicht mehr so eskalieren	– Bekleidungshäuser für Hochzeits-moden hätten keine Existenz mehr;
– Kosteneinsparungen der Standesämter;	– Ein Fest weniger im Leben;
– Hochzeitskosten werden gespart;	– ...
– ...	

Interessante, unbekannte, ergebnisoffene Aspekte:

– Wie würde sich diese Tatsache auf die Anzahl der Trennungen auswirken? Trennen sich mehr Paare oder weniger?
– Wie wäre die rechtliche Lage der Kinder?
– Wer würde erben?
– Würde dies einen Einfluss auf die Geburtenrate haben?
– Würde es trotzdem noch Familien geben?

Einsatz: Zur Eröffnung einer Lerneinheit.

Schulart: Allgemeinbildendes Gymnasium, berufliches Gymnasium, Berufsschule, ... z. B. in Gemeinschaftskunde, Politik, ...

Didaktische Vorgehensweise / Anmerkungen:
– Die Schüler bekommen den Auftrag, möglichst viele Ideen zum Thema zu finden und diese zu visualisieren.
– Im Anschluss werden die Aspekte im Plenum gemeinsam nach den vorgegebenen drei Kriterien strukturiert.
– Mit den interessanten, noch offenen Aspekten kann im Anschluss eine vertiefende Gruppenarbeit erfolgen.

Zeit: – 15 Minuten zum Sammeln;
– 15 Minuten zum Strukturieren;
– Zeit für die Weiterarbeit der offenen Aspekte je nach Wahl der Methode

Zuruffrage

Einsatzmöglichkeiten	– Zum Einstieg in ein Thema; – Zur Einführung in das Problem als Diskussionsauslöser; – Geeignet für Warming-up-Phase.
Lernziele	– Tendenzen, Konflikte werden schnell sichtbar; – Sammeln von Einstellungen, Wissen oder Fragestellungen zu einem Thema.
Durchführung	– Thema anmoderieren (einführen z. B. mit einem Titelplakat, einer Szene → Ziel klar machen); – Packpapier falten (4 x halbieren – es entstehen 15 Hilfslinien/-falten), mit Überschrift (z. B. Frage) versehen und Zeilen vornummerieren; – Die aufgeschriebene Überschrift/Frage im Wortlaut vorlesen und erläutern; – Die Gruppe bitten, ihre Antworten spontan zuzurufen, und diese auf Zuruffrageliste notieren; – Jeder Zuruf gilt. Kritik und Diskussionswünsche zunächst zurückstellen und mit „Blitzen" kennzeichnen; – Hinweis: Keine Schlagworte, sondern Kurzsätze; – Bei gegensätzlichen Meinungen „blitzen" und Gegenmeinung mitvisualisieren; – Assoziationskette nicht unterbrechen; – Jeden Zuruf sofort möglichst wortgetreu aufschreiben; Umformulierungen vermeiden.
Zeit	10 bis 15 Minuten
Teilnehmer	Kleingruppe bis Klassenstärke
Materialien	– 1 Moderationswand oder mehrere; – Gefaltete, durchnummerierte Zuruflliste mit Fragestellung; – Schwarze Stifte zum Visualisieren der Beiträge.
Erfahrungen / Mögliche Stolpersteine	– Kurzfristig ziemlich laut und diffus; – Die Teilnehmer diskutieren hier schon zu sehr inhaltlich; auf weitere Vorgehensweise hinweisen; – Der Moderator wertet einzelne Beiträge beim Visualisieren → Teilnehmer werden evtl. demotiviert.

Integration	– Die Zuruffrage ist vielfältig integrierbar;
	– Häufig dient sie einer Sammlung von Inhalten, Meinungen, an denen im Anschluss z. B. in Gruppen weiter gearbeitet werden kann;
	– Wichtig ist, dass die Methode nicht zum Selbstzweck losgelöst vom Kommenden steht.
Persönliche Notizen	

Zuruffrage   **Beispiel**

Gewalt – ein Phänomen unserer modernen Zeit?

– Was ist denn überhaupt Gewalt?

– Sprechen wir über Gewalt unter Jugendlichen oder Gewalt allgemein?

– Es gibt verbale und körperliche Gewalt.

– Jugendliche aus sozial schwachem Niveau neigen häufiger zu Gewalt.

– Vernachlässigte Jugendliche sind genau so gewalttätig.

– Die modernen Medien fördern Gewalt geradezu.

– Im Fernsehen wird Gewalt häufig verherrlicht.

4. Lernarrangements: Methodische Gestaltung von Unterrichtseinheiten

Die nachfolgend aufgeführten Beispiele von Lernarrangements sollen verdeutlichen, dass durch den Einsatz unterschiedlicher Methoden Wissen vermehrt und in den Köpfen der Lernenden verankert wird. Alle Methoden haben langfristig nur Chancen im Schulalltag kontinuierlich eingesetzt zu werden, wenn sie nicht als Highlight einer Unterrichtsstunde, z. B. kurz vor den Ferien oder zur kurzweiligen Unterbrechung des lehrerzentrierten Unterrichts, angesehen werden, sondern als ernst zu nehmendes „Transportmittel" für Wissensinhalte begriffen werden.

Beim Unterrichten in Lernarrangements (sinnvoll aufeinander folgende, abgestimmte schülerzentrierte und handlungsorientierte Unterrichtsmethoden) erleben die Lernenden in ihrer sachlichen, ihrer methodischen, ihrer sozialen und ihrer personalen Kompetenz erhebliche Zugewinne.

Dies ist für eine ganzheitliche Entwicklung der Lernenden und für den späteren Erfolg in Gesellschaft und Beruf von großem Nutzen und Vorteil.

Beispiele

Umweltschutz		Fach: Biologie	
	Ziele	Methode	Auftrag
1.	Sich der Umwelt bewusst werden	Phantasiereise	Zuhören, Gedanken kommen und gehen lassen, Assoziationen nutzen
2.	Individuell wichtige Aspekte erfahren, Ideen sammeln	Kartenfrage	Wenn ich an unsere Umwelt denke, habe ich folgende Ideen, Anmerkungen, Wünsche, Ängste, offene Fragen ...
3.	Interessante Themenbereiche festhalten	Themenliste	Aus der Kartenlandschaft zu erarbeitende Themen formulieren
4.	Tandems für Referate erhalten	Gruppenzuwahl	Sich einem Thema zuordnen, z. B. durch Bepunkten
5.	Inhalte eigenständig erarbeiten lernen	Arbeitsteilige Gruppenarbeit	Inhaltlich und methodisch erarbeiten
6.	Präsentieren lernen und einüben	Präsentation / Referat im Tandem	Thema den Zuhörern verständlich machen

Bedeutung des Spiels	Fach: Erziehungslehre	
Ziele	**Methode**	**Auftrag**
1. An den eigenen Erfahrungen ansetzen	ABC-Liste	In Kleingruppen Ideen sammeln und austauschen
2. Bedeutung des Spiels für die Entwicklung des Kindes erkennen	Mind-Map	Hauptäste vorgeben und in Einzelarbeit und Lerngespräch erarbeiten
3. Bedeutung unterschiedlicher Spielarten kennen lernen	Gruppen-Puzzle; Texte zu: – Rollenspiel; – Werkschaffendes Spiel; Funktionsspiel; – Regelspiel.	Basisgruppe: lesen Expertengruppe: sich gemeinsam kundig machen Basisgruppe: geben Wissen an die anderen Mitglieder ab Expertengruppen: Visualisierung für Ordner
4. Bewertungskriterien für Spielzeug kennen lernen	Gruppenarbeit	Informationstext bearbeiten; Tamagotchi beurteilen.
5. Thema abrunden	Rundgespräch	Lücken schließen

■ **Anmerkungen zu den einzelnen Methoden des Lernarrangements:**

Arbeitsauftrag für ABC-Liste

1. Suchen Sie sich 2 Partnerinnen!

   Erstellen Sie ein Spielealphabet für Kinder zwischen 3 und 7 Jahren!

2. Pinnen Sie Ihr Ergebnis an die „Litfaßsäule"!

   Informieren Sie sich über das Ergebnis der anderen Gruppen auf der Piazza!

Mind-Map

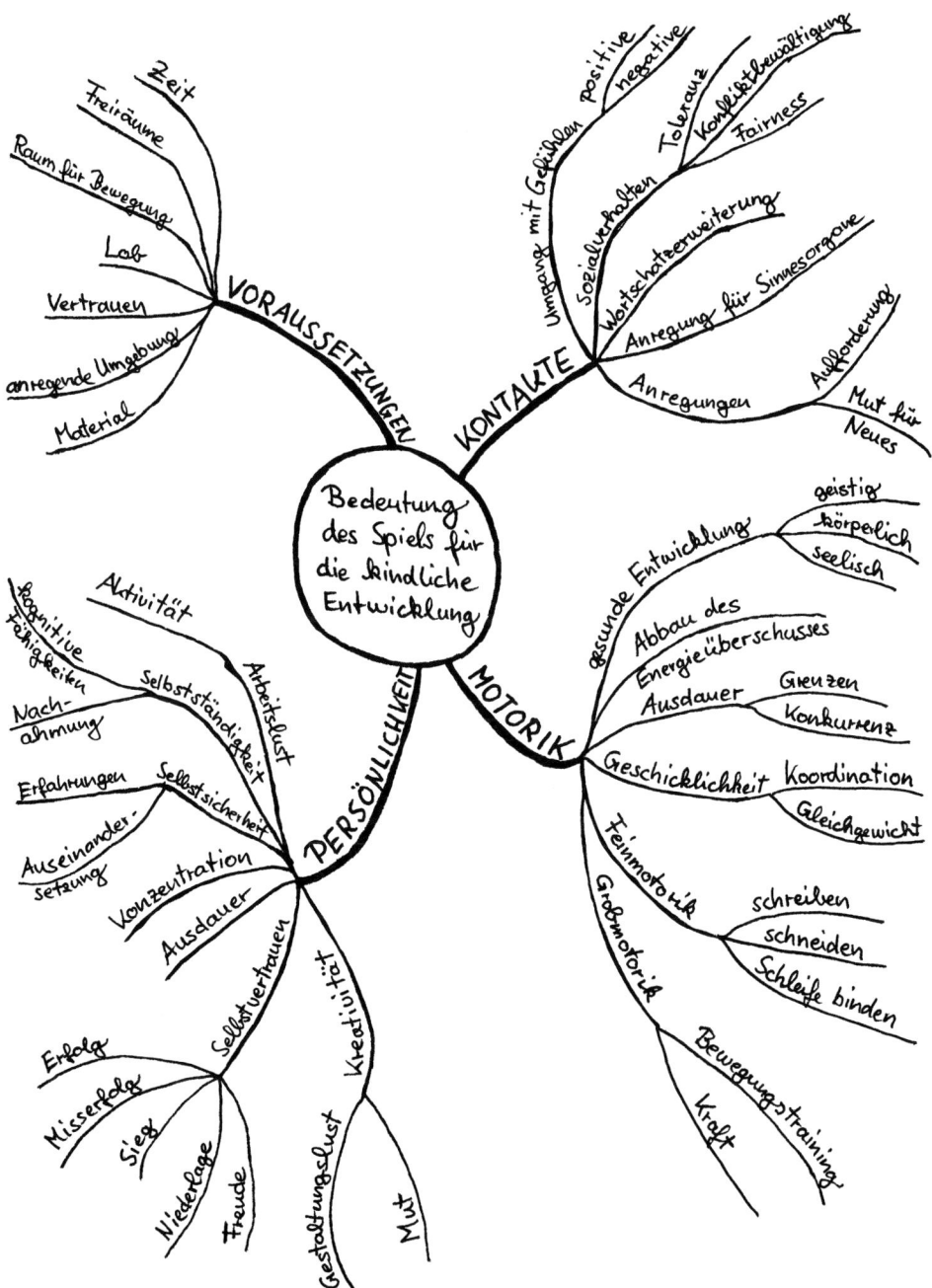

■ Gruppenpuzzle

Arbeitsauftrag: Spiele im Vorschulalter

Basisgruppe: Jedes Gruppenmitglied liest seinen Text allein durch, unterstreicht und notiert sich am Rand des Informationstextes Anmerkungen.
Zeit: 10 Minuten

Expertengruppe: Alle, die den gleichen Text gelesen haben,
- besprechen diesen in der neu zusammengestellten Gruppe;
- stellen Fragen zum Text und suchen Antworten;
- suchen Beispiele für die praktische Umsetzung.
- Zeit: 30 Minuten

Basisgruppe: Jedes Gruppenmitglied hat ca. 5 Minuten Zeit, die Mitglieder der Basisgruppe über den Inhalt und die wichtigsten Erkenntnisse seiner Expertengruppe zu informieren. Die Zuhörer können Fragen stellen und Ergänzungen machen.
Zeit: 4 x ca. 5 Minuten

Expertengruppe: Die Experten treffen sich nochmals um ein gemeinsames Informationsblatt zu ihrem Thema zu erstellen.
Zeit: 20 Minuten

Bestimmen Sie in den Gruppen jeweils einen Zeitwächter!

Kinderängste	Fach: Erziehungslehre		
	Ziele	Methode	Auftrag
1.	Hinführen zum Thema	Ansageplakat	Anmoderation im Plenum durch Lehrenden
2.	Finden von möglichen Ursachen von Kinderängsten	Assoziationsstern	Assoziationsstern auf Moderationstafel vorbereiten, evtl. Teilnehmer schreiben lassen.
3.	Unterschiedliche Formen der Angst kennen lernen	Referat mit visueller Unterstützung (Folien)	Input geben
4.	Kinderverhalten und Folge von Angst deutlich machen	Arbeitsteilige Gruppenarbeit	3 Fallbeispiele mit konkreten Arbeitsaufträgen bearbeiten.
5.	Ergebnisse dem Plenum vorstellen	Präsentation	Klar zusammenfassen und strukturieren.
6.	Vertiefung der Ergebnisse / Reflexion	Rundgespräch	
7.	Wünschenswertes Erzieherverhalten als LZK	Mind-Map im Tandem	Mind-Map zum Thema: „Ängste mindern – Möglichkeiten der Erzieher".
8.	Erkenntnisse transparent machen	Marktplatz	Ergebnisse ausstellen

■ **Anmerkungen zu einzelnen Methoden des Lernarrangements:**

Ansageplakat

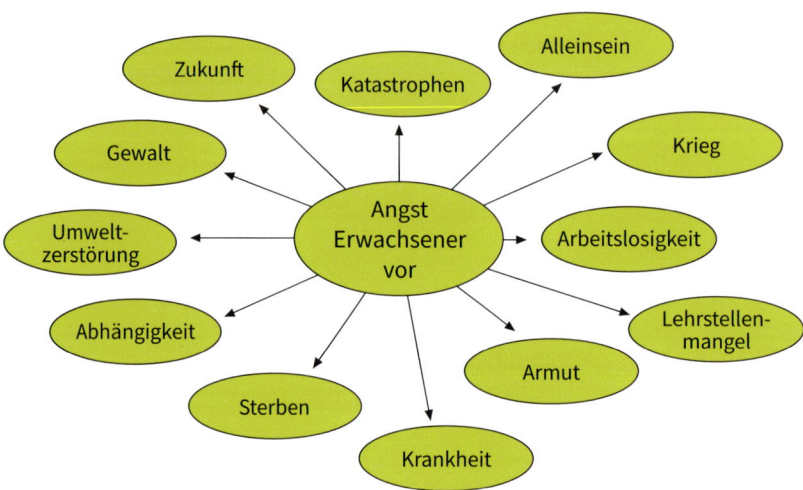

Assoziationsstern

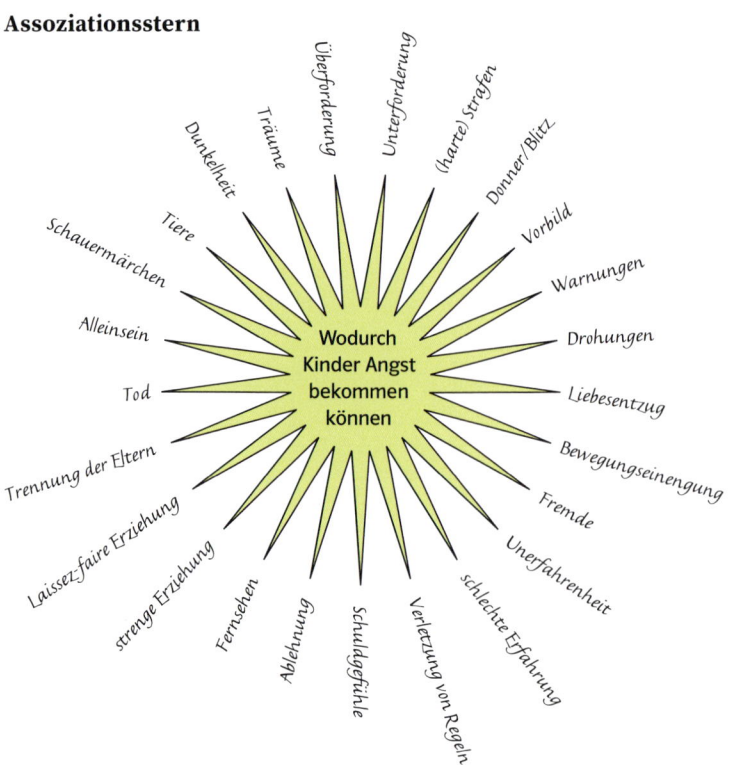

■ Gruppenarbeit

Arbeitsauftrag

1. Einzelarbeit:

Lesen Sie sich den Text durch und unterstreichen Sie wichtige Informationen!
Machen Sie sich am Rand entsprechende Notizen!
Zeit: 5 Minuten

2. Gruppenarbeit:
Tauschen Sie sich in Ihrer Kleingruppe über die anschließenden Fragestellungen
aus – ein Gruppenmitglied macht Notizen für die anschließende Präsentation im
Plenum!
Zeit: 20 Minuten

• Wodurch ist die Angst des Kindes entstanden?
• Welches Verhalten zeigt das Kind?
• Welche Folgen hat die Angst für die Entwicklung des Kindes gehabt?
• Welche Verhaltensweisen der Erzieher wären für die Entwicklung des
  Kindes hilfreicher gewesen? (Was hätte das Kind gebraucht?)

3. Präsentation des Gruppenergebnisses im Plenum:
Jedes Gruppenmitglied übernimmt einen Teil der Präsentation.
Zeit: ca. 5 Minuten pro Gruppe

Parteien		Fach: Gemeinschaftskunde	
	Ziele	**Methode**	**Auftrag**
1.	Einstimmen auf Thema	Karikatur	
2.	Problematisierung / Bedeutung des Themas für die Demokratie	WWW-Methode	Was wäre, wenn es ab sofort keine Parteien mehr gäbe?
3.	Aufgaben der Parteien benennen können	Mind-Map	Sammeln und Strukturieren der Aufgaben.
4.	Parteiprogramme erarbeiten und unterscheiden können	Arbeitsteilige Gruppenarbeit	Die wichtigsten Punkte des jeweiligen Programms erkennen und in kopierfähiger Form festhalten.
5.	Argumentieren lernen	Rollenspiel in Form einer Podiumsdiskussion zum Thema Bildungs- und Familienpolitik	Vorbereitung durch vorhergehende Gruppenarbeit, Durchforsten neuester Zeitungsartikel, Argumente finden. Als Vertreter der Partei an Diskussion teilnehmen.
6.	Noch offene Fragen klären	Rundgespräch im Plenum	

Rollen		Fach: Organisation und Führung	
	Ziele	Methode	Auftrag
1.	Notwendigkeit einer Rollenklärung	Motivationsplakat zum Thema Rollenvielfalt	
2.	Unterschiedliche Rollen erkennen und klären	Gruppenarbeit (Triade)	Welche Rollen nehmen wir ein? Wodurch unterscheiden sie sich? Wodurch können wir sie von außen erkennen?
3.	Rollen innerhalb der Führungsrolle verstehen	Impulsreferat zum Thema Moderator, Organisator, Präsentator und Instruktor und den damit verbundenen Funktionen/Aufgaben	Visualisieren; Impulse zur Verarbeitung nach jedem Segment geben.
4.	Abgrenzung der Rollen gegeneinander erkennen und aufzeigen	Gruppenarbeit (4 Gruppen)	Woran ist zu erkennen, wer welche Rolle innehat?
5.	Abgrenzung deutlich machen, sich darstellen üben	Präsentation der Ergebnisse	Visualisierung
6.	Die eigene Positionen erkennen und hinterfragen	Einzelarbeit durch Positionieren	Plakate kreuzförmig auslegen, ablaufen, Notizen machen zu den eigenen Stärken und Schwächen innerhalb der unterschiedlichen Rollen.
7.	Die Wichtigkeit der Kommunikation der eigenen Rolle nach außen wahrnehmen	Präsentation/Vortrag	Verbaler und nonverbaler Bereich, Verhalten, Feedback.

8.	Reflektieren über das Gehörte	Kugellager	Was ist mir wichtig? Was stört mich? Was empfinde ich?
9.	Einüben von Rollen	Rollenspiel / Training in Kleingruppen	Konfliktgespräch oder Verkaufsgespräch oder Leitung einer Team-besprechung.

Die Reihe der Beispiele für Lernarrangements könnte man beliebig fortsetzen, und doch kann der Leser nicht sicher sein, dass für ihn persönlich ein konkret umsetzbares Beispiel dabei ist. Aus allen Fachbereichen Beispiele zu bringen ist uns nicht möglich, da wir zwar methodische Kompetenzen fächerübergreifend besitzen, jedoch nicht die fachlichen/inhaltlichen Kompetenzen in jedem Bereich.

Aus diesem Grunde möchten wir Ihnen am Beispiel des Themas „Motivation" 3 verschiedene Varianten vorstellen, wie Methoden sinnvoll zu einem Lernarrangement zusammengebunden werden können. Am gleichen Thema, jeweils anders verpackt, zeigt sich in unseren Augen der Sinn von Lernarrangements deutlich. Es geht nicht um den Einsatz von ganz bestimmten Methoden zu einem bestimmten Stoff. Die Frage lautet: Mit welcher Methode kann ich mit meiner Lerngruppe den Stoff sinnvoll und ganzheitlich erarbeiten und wie kann ich für Nachhaltigkeit im Lernen sorgen?

Methoden sind ohne Stoff eine leere Hülse und eine Stoffvermittlung ohne schüleraktive Unterrichtsmethoden berührt den Lernenden oft nicht. Es ist die Kombination der beiden Elemente, wodurch erfolgreiches Lernen möglich wird.

Motivation Beispiel 1	Fach: Organisation und Führung	
	Ziele	**Methode**	**Auftrag**
1.	Den eigenen Standpunkt im Bereich der Motivation erkennen	Assoziationsstern (in Einzelarbeit)	Was mich für meine Arbeit/Aufgabe motiviert → Sammeln Sie Fakten.
2.	Eigene Faktoren erkennen, die der anderen wahrnehmen und mit dem eigenen Denken in Bezug setzen	Triade	Tauschen Sie sich in der Kleingruppe aus. Wie gehen die anderen mit dieser Aufgabe um?
3.	Motivationstheorien wieder erinnern, neu entdecken, erlernen	Gruppenpuzzle mit 4 Texten (Maslows Bedürfnispyramide, Der Ansatz von Porter und Lawler, Zwei-Faktoren-Theorie von Herzberg, X-Y-Theorie von Mc Gregor)	Einzelarbeit in Stammgruppe (lesen) Expertengruppe (gemeinsam vertiefen) Stammgruppe (informieren) Expertengruppe (Skript anfertigen)
4.	Übertragung der Theorien auf das eigene Tun	Gruppenarbeit (5er-Gruppen)	Wie können wir uns / unsere Mitarbeiterinnen für die Arbeit/ Aufgaben motivieren um gute Leistungen und eine gute Atmosphäre zu erreichen?
5.	Gesprächsinhalte verdichten und visualisieren; Präsentationstechniken üben	Präsentation der Gruppenergebnisse	Visualisieren Sie Ihr Gesprächsergebnis.
6.	Zusammenbinden der Präsentationen und ggf. Zielvereinbarung erstellen	Rundgespräch mit Protokoll	Welche Konsequenzen ziehen wir aus dem Gelernten?

Motivation Beispiel 2		Fach: Organisation und Führung	
	Ziele	**Methode**	**Auftrag**
1.	Sammlung von möglichst vielen Ideen zur Verhinderung von Motivation	Kopfstandmethode – Teil 1 (Negation)	Wie können wir es schaffen, dass alle Mitglieder der Gruppe demotiviert sind?
2.	Sich hineinversetzen in bestimmte Rollen; Verhalten und Konsequenzen im Spiel deutlich machen	Rollenspiel in Kleingruppen (5 bis 7 Personen)	Erarbeiten Sie aufgrund der Ideen ein Rollenspiel. Spielen Sie dieses im Plenum an.
3.	Eindrücke, eventuelle Ungereimtheiten mitteilen können	Plenum	Wie kam es zur Demotivation? Verschiedene Wahrnehmungsstandpunkte.
4.	Motivationstheorien erinnern bzw. erlernen	Präsentation der Theorien durch Lehrer (Visualisierung an Moderationswänden, Power point)	Präzise, visualisierte, Information der Teilnehmer/Schüler
5.	Auf Motivation positiv wirkende Verhaltensweisen finden	Kleingruppenarbeit – Kopfstand Teil 2 und 3	Welche Konsequenzen ziehen Sie in der Gruppe, damit die Motivation steigt?
6.	Präsentieren lernen Verhaltensregeln erarbeiten	Plenum – Präsentation und Einigung auf Verhaltensregeln	Präsentation des Gruppenergebnisses und Einigung.

Motivation Beispiel 3		Fach: Organisation und Führung	
	Ziele	Methode	Auftrag
1.	Am Wissen der Schüler / Teilnehmer anknüpfen	Sandwich-Methode Teil 1: Kleingruppe	Sammeln und notieren Sie alles, was Ihnen zum Thema Motivation einfällt!
2.	Motivationstheorien erinnern bzw. neu ent-decken	Referat durch Lehrer oder Schüler (Lernen durch Lehren) über Motivation	Sorgfältig ausgearbei-tetes Referat mit Visualisierung.
3.	Neue Erkenntnisse sortieren und abspeichern können	Methode 66	Tauschen Sie sich in Partnerarbeit darüber aus, was Sie über die Modelle erfahren haben.
4.	Aus Theorien prakti-sche Umsetzungsmög-lichkeiten finden	Teil 3: Kleingruppenarbeit	Wie können wir das Gehörte in die Praxis umsetzen?
5.	Überblick über die Gruppenergebnisse erhalten	Präsentation der einzelnen Gruppen-ergebnisse	Präsentation
6.	Thema abschließen	Blitzlicht	Welche Erkenntnis ist Ihnen besonders wichtig?

Kommentierte Literaturliste

Kasper, Horst:
Kreative Schulpraxis. – München: AOL-Lexika, 1995
In diesem Buch werden, neben einem Schulprogramm zu einer veränderten Schule, Informationen über das Gehirn und das Lernen vermittelt. Es werden die Themen Stressabbau, Motivation und Konzentration in knapper Form und in angenehmer Schreibweise abgehandelt.
In dem Kapitel „Werkzeugkasten der Lerntechniken" gibt der Autor eine Reihe von methodischen Anregungen zum besseren Aufnehmen, Verarbeiten und Behalten von Lernstoff. Im 3. Kapitel berichtet der Autor über einzelne Projekte, die plausibel erklärt werden und praktisch gut umgesetzt werden können.

Heitkämper, Peter (Hrsg.):
Mehr Lust auf Schule – Ein Handbuch für innovativen und gehirn-
gerechten Unterricht. - Paderborn: Junfermann-Verlag, 1995
In diesem Buch ist eine Sammlung von Aufsätzen zu Themen rund um die Schule, das Lernen und den Unterricht zu finden. Ein Buch, das durch die vorgestellten unterschiedlichen Bereiche ein ganzheitliches Lernkonzept entwirft und anbietet und dabei dem Leser viele Ideen liefert, den eigenen Unterricht zu reflektieren und zu verändern.

Kline, Peter:
Das alltägliche Genie oder: Wie man sich in das Lernen (neu)
verlieben kann. – Paderborn: Junfermann-Verlag, 1995
Der Autor befasst sich ausführlich mit dem ganzheitlichen Lernen, an dem alle Sinne beteiligt sind, zeigt neuere Erkenntnisse der Hirnforschung auf und reflektiert diese im Zusammenhang mit Lernvorgängen. Das Buch ist ein Grundlagenbuch zum Thema Lernen und Lehren und zeigt in jedem Kapitel praktische Beispiele auf. Es enthält Anregungen zum Nachdenken über den Schulalltag und mögliche Veränderungen, initiiert durch die Lehrenden.

Lehner, Martin / Ziep, Klaus-Dieter:
Phantastische Lernwelt – Vom „Wissensvermittler" zum
„Lernhelfer". – Weinheim: Deutscher Studien Verlag, 1992
Das Buch enthält sehr viele Anregungen und Beispiele zu einzelnen Methoden, zur Planung von Lernprozessen, zu Lernhilfen und zum spielerischen Lernen. Es ist leicht in die Praxis umzusetzen, stellt eine Fundgrube von Ideen dar, die zum „Weiterspinnen" anregen.

Knoll, Jörg:
Kurs- und Seminarmethoden, Ein Trainingsbuch zur Gestaltung
von Kursen und Seminaren, Arbeits- und Gesprächskreisen. –
Weinheim und Basel: 5. Auflage BELTZ-Weiterbildung, 1993
Dieses Buch führt zunächst ein Praxisbeispiel an, in dem die Methoden in der Anwendung innerhalb eines Themas aufgezeigt werden. Danach erläutert der Autor die unterschiedlichen Einflussfaktoren, die mit den Methoden in einem Wechselbezug stehen. Im 3. Kapitel werden einzelne Methoden und deren Anwendungsbereiche sehr klar und gut strukturiert beschrieben. Ein Buch, in dem sich der Leser sehr schnell zurechtfinden kann und eine Fülle von unterschiedlichen Methoden vorgestellt bekommt.

Methode Kapitel 3

Arbeitsblatt Seite